Aus Grossmutters süsser Küche

Inhaltsverzeichnis

(Die heute übliche Version der Rezepte ist jeweils schattiert dargestellt)

Kuchen

Cremes und Pudding

Aufläufe und Flammerie

Äpfel

Eine alte Frau kocht Rüben,

eine alte Frau kocht Speck –

und du bist weg!

Kinderreim

Vorwort

Was ist aus den Desserts, den Gebäcken unserer Grossmütter geworden, die ihren Niederschlag in alten, handgeschrieben Kochbüchern gefunden haben?

Sie wurden damals sorgfältig notiert, nachgeführt und sind seit Generationen in Gebrauch. Welche dieser schmackhaften Sachen haben bis in unsere Zeit überlebt? Kennen wir sie noch? Wie wurden sie früher hergestellt, wie heute?

In alten Handschriften sind für Rezepte sehr oft lediglich die Zutaten aufgelistet, Herstellung und Vorgehensweise wurde offensichtlich als bekannt vorausgesetzt und ein Notieren somit nicht nötig.

Zum Beispiel „Guter Kuchen"
6 Eier, das Weisse geschwungen, das gelbe verklopft. 6 Eierschwer Zucker, 40 Eier schwer Mehl, 2 Eier schwer Butter, die Rinde einer Zitrone.

Oder „Mandeltörtchen"
4 Eier, ½ Pfund Zucker, ¼ Pfund Mandeln fein gestossen: Die Förmlein werden mit süsser Butter angestrichen.

Dieses Büchlein vergleicht die heutigen Varianten mit jenen unserer Grossmütter, es soll uns stolz machen, was uns gehört! Eine Bewunderung an jene Küche, die nicht vom Übermass geprägt war, in der das Prinzip „man nehme, was da ist" gelten musste. Trotzdem wurde uns ein Reichtum an Rezepten überliefert.

Bemerkung zu den Quellen:
Die handschriftlichen Aufzeichnungen wurden im Original belassen, alte Schreibweisen nicht korrigiert. In Fällen, in denen die Originalrezepte eine, für Kopien zu schlechte Qualität aufwiesen, wurde lediglich die transkribierte Version wieder gegeben.

Das alte Gute behalten wir,
das neue Gute suchen wir.
Das alte Schlechte verlassen wir,
das neue Schlechte vermeiden wir.

Maggi Poltera, Das Kochbuch Graubündens

Anis

Unten ein sehr einfaches Rezept, in einer alten unbekannten Handschrift, das auch schlicht mit „Anis" bezeichnet ist. Ich habe es nicht nachgebacken, da mir die Mengenangabe zum Anis etwas „eigenartig" vorkam.

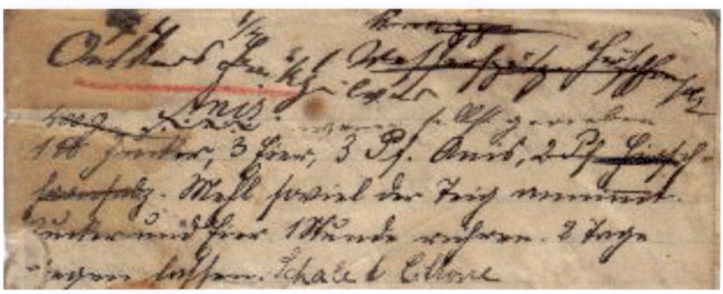

Transskription
¼ P. Backpulver, Messerspitze Hirschhornsalz, selbst gerieben, 1 Pfund Zucker, 3 Eier, 3 Pfund Anis, 2 Pfund Mehl, sowie der Teig nimmt Zucker und Eier 1 Stunde rühren. 2 Tage liegenlassen, Schale 1 Zitrone.

Ein anderes:
Änisschnitten
½ Pfund Zucker, ½ Pfund Mehl , 3 Eier wohl verklopft mit dem Zucker, 2 grosse Esslöffel voll Änis darein. Dies wird in einer Form gebacken in einem mässig heissen Ofen. Wenn man will kann (man) es in schnitten schneiden und noch einmal backen.

„Anisbrötli brauchen Zeit und Liebe!", sagte meine Mutter immer. Richtige Aenisbrötli - die in Deutschland (vor allem im Süddeutschen Raum) als „Springerle" bezeichnet werden - zu machen braucht Zeit! Meine Mutter nahm sich diese Zeit noch zum Vorbereiten und zum Herstellen, sie konnte noch warten! Sie stellte sogar, was für sie sehr wichtig war, am

Vorabend das Mehl an einen warmen Ort. Zur Herstellung des Teiges mag eine Bemerkung aus einem alten Kochbuch verdeutlichen, wie lange man damals ohne Küchenmaschine rühren musste: *„Zucker, Eier und Aenis lass vom ältesten Buben rühren, dann vom zweitältesten, dann vom dritten, zusammen wenigstens eine halbe Stunde".*
Vor dem eigentlichen Backen muss man dann noch mal 24 Stunden Zeit haben und noch mal warten!

Und noch etwas ist bei den Anisbrötli wichti:. Sie müssen „Füessli" haben. Meine Mutter war sauer, wenn sie keine „Füessli" hatten, aber ein Grund dafür war immer parat. Entweder es war Durchzug in der Küche oder nicht lange genug gerührt. Anisbrötli gehen beim Backen auf.
Dank der Festigkeit, die der Teig durch das lange Trocknen erhalten hat, bläht sich das Motiv nicht mehr auf, sondern es entstehen eben diese erwünschten Füsschen.
Die hellen Anisgebäcke waren ursprünglich ein Ersatz für das kostbare Marzipan. Gegen Ende des Mittelalters kannte man Marzipan nur in der Oberschicht. Nach dem Dreissigjährigen Krieg wurde vermehrt Zucker importiert und in alten Kochbüchern findet man oft Rezepte für „Gemeines Marzipan" oder „Bauernmarzipan", alles Bezeichnungen für Anisgebäcke.

Heute: Rezept für Anisbrötli

5 Eier
500 g Puderzucker
1 Esslöffel leicht angerösteter Änis
500 g feines Mehl

Eier und Zucker gut schlagen, bis eine luftige Crème entsteht. Anis und Mehl hinein kneten und danach etwa 15 Minuten ruhen lassen. Je nach Rezept wird dem Teig zusätzlich Kirsch oder Zitronensaft zugegeben, um ihn schöner aufgehen und

„den oft unangenehmen Eiergeschmack" verschwinden zu lassen, empfiehlt Amalia Schneider–Schlöth in Ihrer Basler Kochschule.

Den noch leicht klebrigen Teig in vier Teile teilen, und auf Mehl, 8-10 mm dick ausrollen. Den Teig nochmals ganz leicht mit Mehl bestäuben. Die Form leicht mit Mehl bestäuben und den Model (Gerne wird in Basel in der Form des Baslerstabes gebacken.) gleichmässig eindrücken, das Bild mit einem Messer, einem Zackenrädchen oder einem passenden Ausstecher ausschneiden, und auf ein mit Backpapier belegtes Blech legen. Nach etwa 24 Stunden Trocknungszeit (kein Durchzug) werden die Anisbrötli bei ca. 150- 160 Grad ganz unten im Ofen max. 15 Minuten lang gebacken. Man kann sie vor dem Backen nochmals ganz leicht mit Mehl bestäuben, dass sich nachher leicht wegblasen lässt.

Eventuell klemmt man zum Lüften beim Backen einen Kochlöffel in die Backofentür.

Amerikaner

Als Kind habe ich sie geliebt, diese Amerikaner.

Heute findet man sie eher selten, diese Amerikaner.

Das Rezept heute

100 g Zucker
250 g Mehl
3 TL Backpulver
100 g Butter
1 P Vanillezucker
2 Eier
1 Prise Salz
4-5 EL Milch
1 P Vanille-Puddingpulver
250 g Puderzucker
Saft einer Zitrone

Ofen auf 200 Grad vorheizen.
Butter mit dem Zucker schaumig schlagen. Vanillezucker,
Eier und Salz unterrühren. Puddingpulver, Milch, Mehl und
Backpulver zugeben und alles gut verrühren. Mit zwei
Teelöffeln jeweils kleine Häufchen auf ein Backblech setzen
und etwa 10-15 Minuten backen.
Die Amerikaner noch heiss mit Zitronenguss bestreichen.

Als Kind durfte ich nicht, aber heute ersetze ich gerne den
Zitronensaft mit Grand Marnier.

Belgrader Brot

Transkription Belgrader Brot

4 Eier, 250 g Zucker, 500 g Mehl, 1 P. Backpulver, 125 g Haselnüsse, 125 g Mandeln, 50 g Sukkade, 1 TL voll Zimt. Zucker, 2 ganze Eier und 2 Eigelb rührt man schaumig, fügt dann das mit dem Backpulver gemischte Mehl hinzu und zuletzt die gemahlenen Nüsse, Mandeln, Sukkade und Zimt und verarbeitet alles zu einem festen Teig, den man schwach fingerdick ausrollt. Und in kleine, längliche Vierecke schneidet. Über Nacht lässt man sie auf dem Backbrett trocknen und bäckt am anderen Tage auf gefettetem Blech bei Mittelhitze hellbraun. Den Rest des Eiweiß rührt man mit Puderzucker an, bestreicht die fertigen

Küchlein mit der Masse und trocknet die Glasur im Ofen bei schwachem Feuer.

Cafe Brot

Transkription
4 Eischwer Butter mit 4 Eiern verrührt, 4 Eischwer Mehl daran gerührt, ganze ungeschälte Mandeln mit einem Tuch abgerieben darunter gemengt, Zitrone oder Vanille Geschmack gegeben und in einer mit Butter ausgestrichenen länglichen Form gebacken.
Bemerkung: Eischwer ist das Gewicht eines Ei mit Schale.

Das frühere Cafe-Brot wird heute noch teilweise als Kaffee-Stängeli gereicht. Dem Rezept wird heute gerne etwas Kaffeepulver beigefügt:

125 g Zucker
2 Eier, getrennt
1 P Vanillezucker
1 Pr. Salz
1-2 TL Kaffeepulver
225 g gemahlene Mandeln
100 g Schokolade

½ TL Backpulver
75 g Puderzucker

Zucker mit Vanillezucker mischen. Ein ganzes Ei und ein Eigelb mit dem Zuckergemisch und einer Prise Salz schaumig schlagen. Am Schluss das Kaffeepulver unterschlagen. Die Schokolade schmelzen und unter die Eimasse rühren. Jetzt die Mandeln mit dem Backpulver einarbeiten. Für die Glasur das Eiweiss von einem Ei steif schlagen, Puderzucker vorsichtig löffelweise zufügen und unterheben.
Den Teig auf etwa 10 x 40 cm auswallen, mit Glasur bestreichen, in 5 cm lange Stängel schneiden und bei 190 Grad im vorgeheizten Ofen backen.

Ein anderes Kaffebrot auf einem unbekannten Einzelblatt:

Cremeschnitten

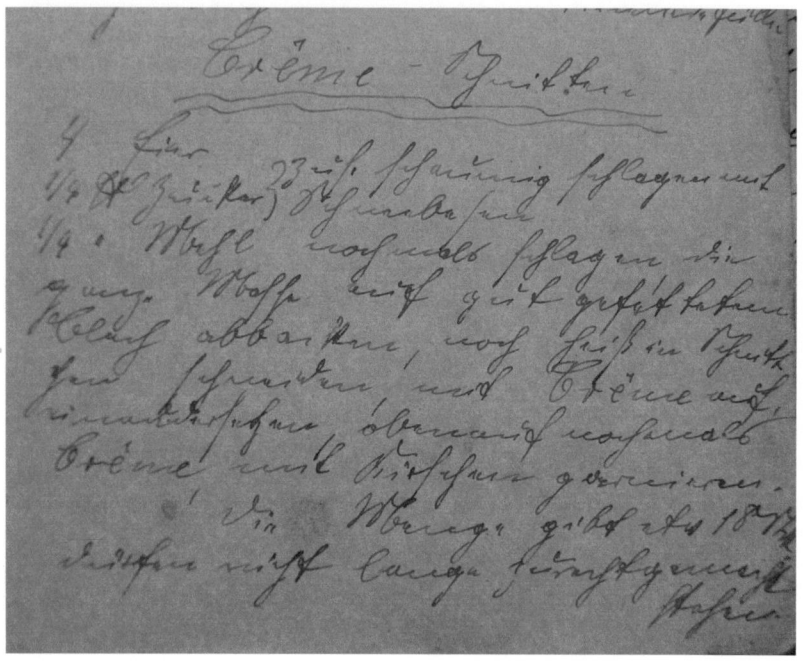

Transkription
4 Eier, ¼ Pfund Zucker schaumig schlagen mit Schneebesen. Mit
¼ Pfund Mehl nochmals schlagen, die ganze Masse auf gut
gefettetem Blech abbacken, noch heiß in Schnitten schneiden, mit
Creme aufeinander heben, obenauf noch mal Creme, mit Kirschen
garnieren. Die Menge gibt etwa 18 Stücke, dürfen nicht lange
durchgemengt stehen.

Auch meine Mutter stellte Cremeschnitten noch sehr
aufwendig aus selber hergestelltem Butterteig her.

275 g Butter
1 Ei
1 Eigelb
etwas Weisswein
28 0 g Mehl
Messerspitze Backpulver
Saft einer halben Zitrone
1 Pr. Salz

Butter mit einem Drittel des Mehls einen Teig kneten und
kühl stellen. Das restliche Mehl mit Backpulver und allen
anderen Zutaten zu einem weichen Teig (Strudelteig) kneten.
Sehr gut
kneten bis er Blasen wirft und dann zugedeckt ruhen lassen.
Jetzt diesen Teig auswallen und den anderen Teig darin
einschlagen, durchklopfen und alles dreimal wiederholen.
Dann auswallen und auf einem Blech backen. Teig in zwei
Hälften teilen, mit Creme füllen, zusammensetzen und in
Schnitten schneiden.

50 g Butter
150 g Zucker
1 Eigelb
Schnee von 2 Eiweiss
¼ L Milch
1 P Puddingpulver (Vanille)

Butter einrühren und auskühlen lassen. Dann Eigelb und
Eischnee unterziehe. Puddingpulver nach Anweisung
zubereiten, vom Feuer nehmen.
Heute gelingen Cremeschnitten dank der Verwendung von
fertigen Blätterteig nahezu problemlos:

1 P Blätterteig, Fertigprodukt
250 ml Milch
1 Pr Salz

60 g Zucker
1 P Vanillezucker
1 Prise Salz
1 Eigelb
1 P Puddingpulver Vanille
8-10 Blatt Gelatine
6 TL Puderzucker
3 EL Rum
750 ml Rahm

Backofen auf 200 Grad vorheizen
Blätterteig in der Mitte teilen, die Teigplatten mit einer Gabel
einige Male einstechen und im vorgeheizten Backofen
hellbraun backen.
Die Milch bis auf einige Esslöffel in eine Pfanne geben, mit
Kristall- und Vanillezucker sowie einer Prise Salz aufkochen.
Puddingpulver mit restlicher Milch und dem Eigelb verrühren.
In die heiße Milch rühren und zu einem Pudding kochen. In
eine Schüssel füllen, mit Puderzucker bestreuen und
zugedeckt auskühlen lassen.
Eine Blätterteighälfte mit Glasur bestreichen, fest werden
lassen und mit einem Teigroller die Platte in etwa 10 gleiche
Stücke teilen. Aber nebeneinander liegen lassen. Gelatine
nach Anweisung in etwas kaltem Wasser einweichen, Rahm
steif schlagen. Den Pudding mit Staubzucker und Rum mit
einem Pürierstab pürieren. Gelatine in etwas Flüssigkeit
auflösen und unter die Puddingcreme rühren, diese dann nach
und nach unter den steif geschlagene Rahm heben.
Die zweite Teigplatte mit der Creme füllen und auf die in
Stücke geschnittenen Blätterteigstückchen belegen. Besser
geht es mit einem eckigen Tortenrand. Im Kühlschrankeinige
Stunden fest werden lassen. Erst vor dem endgültigen
Servieren portionieren.

Damenkrapfen

Transkription
½ Pfund Mehl, ¼ Pfund Butter, ¼ Pfund Zucker, 2-3 Eigelb,
Zitronenschale etwas Rum gut verrühren, in lange Rolle formen, 3
cm Durchmesser, schneidet zweifingerbreite Stücke, rollt sie zu
kleinen Runden, in die Mitte eine Vertiefung, mit Gelee oder

Marmelade füllen, den Rand bestreuen mit Hagelzucker und Mandeln.

Damenkrapfen sind in dieser Form nicht mehr sehr bekannt werden aber heute noch nahezu unverändert gebacken. Die Butter, Zucker und Eigelb schaumig schlagen. Das Mehl mit dem Backpulver mischen und zur Schaummasse geben. Den Teig zu einer Kugel formen und etwa eine Stunde kaltstellen. Jetzt kleine Kugeln formen und auf ein mit Backpapier belegtes Blech legen. In jede Kugel mit dem Finger ein Loch drücken. Schwarze Johannisbeerkonfitüre hinein geben. Bei 175 Grad etwa 8 - 10 Minuten backen.

Dänisches Brot

Transkription Dänisches Brot
½ Pfund Butter, ½ Pfund Mandeln, 4/10 Pfund Zucker, 8/10 Pfund Mehl, Butter rühren, Zucker und grob gehackte Mandeln und Mehl dazu geben, ein Brot formen, Abschnitte machen und hellgelb backen.

Heute
Dänisch Brot (Pullabrød) ist ein ganz weiches, süsses Weißbrot mit Rosinen und Mandeln, ähnlich einem Brioche.

3 Eier
30 g Hefe
700 g Mehl
250 ml Milch
100 g Butter

½ Tl Salz
1 gestrichener EL Kardamom
100 Puderzucker
75 g Mandeln
75 g Rosinen

Ofen auf 200° vorheizen.
Lauwarme Milch in eine große Rührschüssel geben und die
Hefe hinein bröckeln. Das Salz, Puderzucker, Kardamom und
2 Eier dazu geben. Etwas Mehl zugeben und die Masse so
lange schlagen, bis der Teig luftig ist. Restliches Mehl dazu
geben, anschließend die Butter. Den Teig kneten bis er nicht
mehr klebt. Mit einem leicht feuchten Tuch bedecken und den
Teig 30 Min. an einem warmen Ort gehen lassen.
Wenn der Teig aufgegangen ist, die Rosinen hinein arbeiten.
In 3 gleiche Stücke teilen und daraus gleichlange Stränge
formen. Daraus nun einen Zopf flechtenDen Zopf mit dem
letzten, aufgeschlagenen Ei bestreichen und die Mandeln und
etwas Puderzucker darüber streuen. 25 - 30 Minuten backen,
bis es goldbraun ist.

Elisenlebkuchen

Rezept heute

175 g Zucker
6 Eier
2 EL Honig
1 TL Lebkuchengewürz
2 TL Zimt
1 Pr Salz
Je 250 g gemahlene Mandeln und Haselnüsse
250 g Orangeat
250 g Zitronat
1 Msp Backpulver
2 EL Rum
Oblaten
Kuverture

Ofen vorheizen auf 175 Grad
Orangeat und Zitronat klein hacken. Eier, mit dem Zucker und
dem Honig schaumig schlagen. Die restlichen Zutaten
darunter mischen und durchkneten. Aus dem Teig kleine
Kugeln formen. Eine Kugel auf eine Oblate setzen und flach
drücken.
Auf das mit Backpapier ausgelegte Blech legen eine Stunde
ruhen lassen und dann 20 Minuten backen. Nach dem Erkalten
mit Kuvertüre überziehen. In einer Blechdose mindestens eine
Woche ruhen lassen.

Wiesenlebkuchen

Backseit ca. 20 Minuten.

2 Eier
200 gr. Farinzucker
1 Vanillezucker
1 Messersp. gem. Nelken
1 Teelöffel Zimt
1/2 Rumaroma
1-2 Tropfen Zitronenöl
75 gr. Orangeat
125 , gem. Mandeln
45-125 gr. gem. Haselnüsse
1 Messersp. Backpulver

Faschingskrapfen

Krapfen sind süsse Gebäcke, die traditionell in Fett
ausgebacken werden. Die ersten Rezepte stammen aus dem
Jahr 1486 und sind in zahlreichen Ländern bekannt. Es gibt
Varianten aus Backteig, Brandteig, Hefeteig oder Quarkteig.
Ebenso zahlreich sind die unterschiedlichen Bezeichnungen,
manche sind gefüllt, adere nicht. Ich kenne sie schlicht als
Berliner und diese sind mit Konfitüre gefüllt. Prilleken,
Förtchen, Krapfen, Schürzkuchen, um nur einige zu nennen.
Traditionell wurden Krapfen hauptsächlich in der Fastenzeit
zubereitet und gegessen. Heute kann man diese herrlich
duftende Spezialität bei manchen Bäckern das ganze Jahr über
kaufen. Für Mutige ist es aber eine Herausforderung, die
Krapfen einmal selbst zuzubereiten.
Junge Leute lieben heute die amerikanische Schleckerei, „die
Donuts" , die vom Teig her ähnlich sind, aber nicht gefüllt.
Hier das traditionelle Rezept für Berliner, wie sie heute

hergestellt werden. Die Zitronenschale wurde ursprünglich nicht verwendet – ist ein Tipp von mir.

Zutaten
500g Mehl
1 Würfel Hefe
50 g Zucker
2 TL Vanillezucker
(Abgeriebene Schale einer
Zitrone)
125 ml Milch lauwarm
2 Esslöffel Öl
2 Eier
½ Teelöffel Salz
1 Eiweiß
Erdbeer- oder Zwetschgen-Konfitüre als Fülle
1 kg Fritierfett
5-6 Esslöffel Zucker

Das Mehl in eine Schüssel geben und eine Vertiefung in der Mitte anbringen. Hefe, 1 TL Zucker, Vanillezucker, die Hälfte der Milch zugeben, leicht mit Mehl bestreuen und ca. 20 Minuten abgedeckt, an einem warmen Ort, gehen lassen. Jetzt den übrigen Zucker, die restliche Milch, Öl, Eier und das Salz hinzufügen. Das Ganze zu einem glatten Teig verarbeiten. Den Teig an einen warmen Ort stellen, und weiterer 25-30 Minuten gehen lassen.
Den Teig danach auf einer mit Mehl bestäubten Arbeitsfläche ca. 2cm dick ausrollen. Danach 40 Kreise mit einem Durchmesser von 7cm ausstechen. Das Eiweiß etwas verquirlen und die

Hälfte der Kreise am Rand damit bestreichen. In die Mitte etwas Konfitüre geben und einen anderen Teigkreis darauf legen. An den Rändern zusammendrücken und auf ein mit Butter eingefettetes Backblech legen. Wenn sie zu Kugeln aufgegangen sind, mit einem Küchentuch abdecken und 10 Minuten gehen lassen. Das Fritierfett auf 160-170 Grad erhitzen und die Krapfen beidseitig jeweils etwa 3 Minuten backen. Die fertigen Berliner herausnehmen, auf Küchenpapier abtropfen lassen. Wenn sie etwas abgekühlt sind, mit Puderzucker bestäuben.

Wer des Öfteren in Nordischen Ländern unterwegs ist, kennt sicherlich die dortige Vorliebe für „Kardamom" in den Backwaren. Zum Testen hier eine Finnische resp. Dänische Variante der Berliner:
75 g Butter, 75 ml Milch, 125 g Mehl, 1 gestrichenen Teelöffel Kardamom,1 TL Zucker, ½ P Trockenhefe, 1 Ei, 50 ml Milch 1 TL Zucker ½ TL Vanillezucker, 1 TL Speisestärke,
50 g Puderzucker für den Guss.

Ofen auf 200° vorheizen.

Mehl, Kardamom, Zucker und Margarine vermengen. Hefe in den 75 ml Milch verrühren und dazu geben. Das Ei verquirlen und die Hälfte davon dazugeben. Dann alles gehen lassen. Einen Teig kneten und "Brötchen"(gibt etwa 6 Stück) formen, und diese nochmal gehen lassen.
Inzwischen die Zutaten ab 50 ml Milch bis zu Speisestärke mit der restlichen Hälfte des Ei in einem Topf verrühren und kurz zum Kochen bringen. In die Krapfen eine Vertiefung machen und die Masse hineingeben. Etwa 15 Minuten backen. Erkalten lassen, aus Puderzucker und wenig warmem Wasser einen Guss bereiten und die Krapfen bestreichen.

Fasnachtsküchlein

Einem Basler stehen die Haare zu Berge, wenn von
Faschingskrapfen geredet wird. „Fasnacht heisst das in
Basel!"
Der Vollständigkeitshalber und wegen der Nähe zu Basel
werden hier die Fasnachtsküchlein natürlich auch aufgeführt.
In der Region von Basel (und heute fast überall in der
Schweiz) gehören sie in die Fasnachtszeit, in andern Regionen
sind sie das typische Kirchweihgebäck. Andere
Bezeichnungen sind auch Chneublätz (wegen der
ursprünglichen Herstellungsweise), im Kanton Bern
Chilbiblätz (von Chilbi, ursprünglich Kirchweih), in der
französischsprachigen Schweiz Merveilles.
In den „Basler Sitte" schreibt Johanna Von der Mühll:
> „Der Fasnacht zu Ehren gibt es auch da,
> wo man der Fasnacht keine Beachtung
> schenkt , Fasnachtsküechli als Nachtisch.
> Die Zubereitung ist ein jährlich sich
> wiederholendes Vergnügen. Gab es dazu
> geschwungenen Rahm, war das Glück
> vollkommen ".

Zusammen mit Fastenwähe, Mehlsuppe, Käse- und
Zwiebelkuchen ("Kääs- und Ziibelewaie") gehören sie zu den
typischen Speisen der Basler Fasnacht. Der Fasnacht zu Ehren
gab es traditionell Fasnachtskuechli als Nachtisch. In alten
Rezepten werden diese auch „Krusi-Musi" genannt. Gerne
wurde Schlagrahm dazu serviert. Im Jahre 1527 wurde das
Gebäck von der Obrigkeit verboten. Damals war es Brauch,
dass junge Burschen ihre Mädchen nach dem Tanz nach
Hause begleiteten und ihnen dort Fasnachtsküechli
überreichten. Die Kirche glaubte, dass sie dabei ganz anderes

im Sinne hatten. Und dieses „ Treiben" mit den Fasnachtsküechlein wurde wegen Sittenverstosses verboten. Glücklicherweise wurde das Verbot später wieder aufgehoben.

In Briefen und Novellen von Gottfried Keller wird auch die Zubereitung von (Chneublätz) mit Weißwein beschrieben.

In lokalen Varianten wird der dünn ausgezogene Teig auch locker zusammengeballt und dann im heissen Fett gebacken.

Im „Neuen und Nützlichen Kochbuch" des Jeremias Stupanius, Buchbinder auf der Rheinbrücke Basel, findet sich folgendes Rezept:

> Zu 15 Eyern ein Vierling süssen Anken,
> die Eyer in ein Becken gethan, den Anken
> in einem Pfaännlein verlassen und in die
> Eyer geschüttet, zucker nach Belieben, ein
> wenig Salz, alsdannn Semmelmehl darein
> gerührt, bis man ihn kann wirken, alsdann
> auf ein Brett gethan und gewirkt bis er
> recht luftig ist, hernach ausgewahlt so
> dünn man kann, und gebacken.

Heute wird beim Backen der Fasnachtsküchlein – falls man nicht auf die fertig angebotenen Produkte zurück greift - folgendermassen vorgegangen:

2 dl Rahm
5 Eier
10 g Butter
Zucker und Salz
Mehl (soviel als nötig)

Rahm Butter Eier gut verarbeiten, und dann Mehl darunter mengen. Den Teig mindestens 2 Stunden ruhen lassen. Kleine, pflaumengrosse Kugeln formen und diese papierdünn auswallen.Am besten geht das über dem (mit einem

Küchentuch bedeckten) Knie. Jetzt sind die Teiglinge grösser als der Topf. Teigling in heisses Fett legen und mit zwei Holzlöffeln auf die Topfgrösse zusammendrücken, so dass er Wellen wirft und damit seine in Basel typische Form erhält. Er wird einmal gewendet und knusprig durchgebacken und möglichst noch warm mit Puderzucker bestäubt

Ein Rezept der Schweizerischen SocialCaritativen Frauenschule, die die berufliche Arbeit für Soziale Arbeit abdeckte, veröffentlichte nach dem Krieg folgendes:

Heidesand

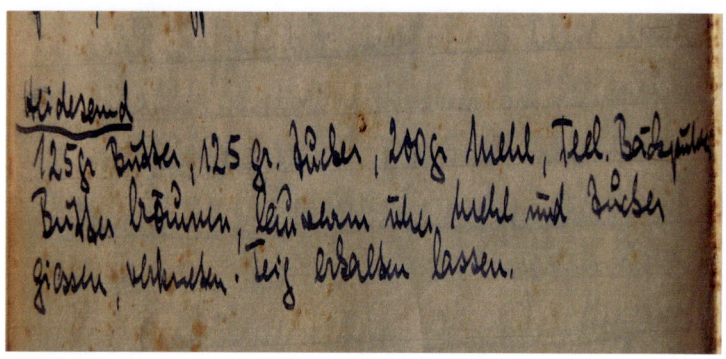

Ein anderes Rezept:

Transkription
¼ Pfund gebräute Butter , ¼ Pfund Zucker, 1 TL Vanillezucker, 3/10 Pfund Mehl, 1 Messerspitze Hirschhornsalz mit dem Mehl sieben, die erkaltete Butter schaumig rühren,   ½ Stunde mit Zucker und etwas Mehl, hierauf das letzte Mehl hinzu geben und den Teig löffelweise auf das Blech setzen. In mäßiger Hitze mehr trocknen als backen.

Heidesand verdankt seinen Namen dem hellen, sandigen Heideboden in Niedersachsen. Seine Herstellung braucht Zeit und verträgt keine Hetze!

250 g weiche Butter
125 Puderzucker
125 gemahlene Mandeln
350 g Mehl
1 P Vanillezucker
Abgeriebene Schale eine halben Zitrone

1 Tasse Zucker
1 Ei

Den Backofen auf 190° vorheizen.
Butter schmelzen lassen und leicht bräunen (das gibt den
typischen Geschmack) mit dem Puderzucker, den Mandeln,
dem Vanillezucker und der Zitronenschale verrühren. Das
Mehl über die Masse sieben und unterarbeiten. Aus dem Teig
gleich große Rollen von etwa 4-5 cm Durchmesser formen.
Rollen in Alufolie wickeln und mindestens 3 Stunden (besser
über Nacht) im Kühlschrank ruhen lassen. Die Teigstangen
mit dem verquirlten Eigelb bestreichen und im Zucker rollen.
1/2 cm dicke Scheiben abschneiden, auf ein mit Backpapier
ausgelegtes Backblech legen und für 10 - 12 Min. backen. Die
Scheiben auf einem Kuchengitter erkalten lassen.

Heisse Wecken

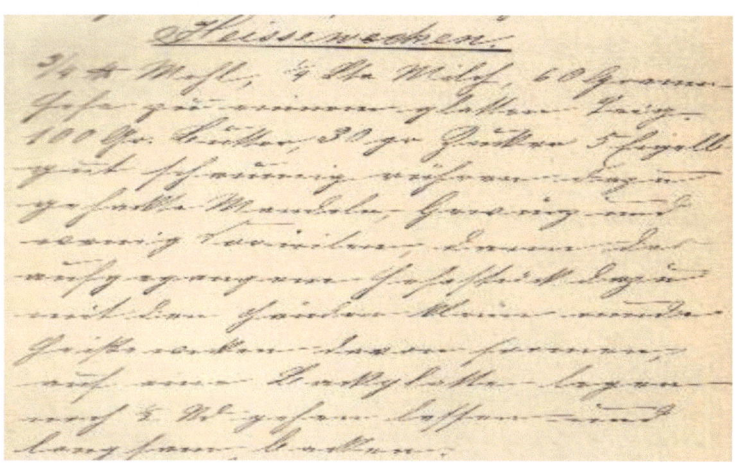

Transkription (unvollständig)
¾ Pfund Mehl, ¼ L Milch, 60 g Hefe zu einem glatten Teig verarbeiten. 100 g Butter, 30 g Zucker, 5 Eigelb gut schaumig rühren. Dazu gehackte Mandeln, Gewürz und wenig ..?. darin das aufgegangene Hefestück lag und mit den Händen kleine runde Heisse Wecken davon formen, auf eine Backplatte legen, noch 3 Stunden gehen lassen und langsam backen.

Hildabrötchen

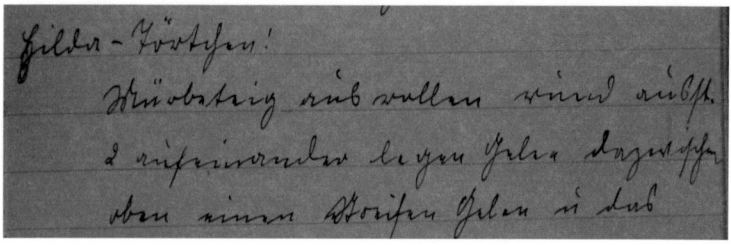

Weihnachten ist für mich einfach nicht vollständig, wenn ich keine Hildabrötchen habe.

Das Hildabrötchen ist ein klassisches Weihnachtsplätzchen. Dabei werden zwei Mürbeteighälften mit einer Schicht Gelee zusammengeklebt.

150g Butter, weich
120g Zucker
1 Päckchen Vanillezucker

1 Ei
Prise Salz
300g Mehl
Konfitüre (Hagebutte oder Johannisbeergelee)

Ofen auf 140 Grad vorheizen.
Die weiche Butter mit dem Zucker, Ei und dem Salz mit dem
Schneebesen schaumig rühren. Langsam das Mehl
hinzugeben. Dabei erst einrühren, später dann einkneten. Teig
gut durchkneten, zu einer Kugel formen. Eine Stunde Kühl
stellen. Den Teig auf einer bemehlten Fläche mit dem
Nudelholz auswellen und eine *gerade* Anzahl an runden
Plätzchen ausstechen. In die Mitte der Hälfte der
ausgestochenen Plätzchen ein Loch stechen. Backblech aus
dem Ofen nehmen und die Plätzchen vollständig auskühlen
lassen. Die Plätzchen ohne Loch mit Konfitüre bestreichen.
Die Plätzchen mit Loch mit Puderzucker bestreuen und je ein
Plätzchen mit Loch auf ein mit Konfitüre bestrichenes
Plätzchen ohne Loch drücken.

Hobelspäne

Transkript Hobelspäne
1 Ei gewogen, so viel Zucker und Mehl. Das Ei mit einer Gabel zerschlagen und mit Zucker und Mehl gut verrührt. Blech mit Wachs streichen, mit dem Messer fingerbreite Streifen aufstreichen, bei mäßiger Hitze backen, noch heiß über einen ....(*Rest fehlt*)

Transkript Hobelspäne (andere)
3 ganze Eier, 1/8 Pfund Albin, 1 Löffel Rum, ½ l Milch, 2 EL Zucker. Das Ganze wird gut verquirlt, soviel Mehl daran gerührt, bis es ein nicht zu fester Teig wird. Ausrollen, in fingerlange Streifen schneiden, kurz lochen, durchziehen und in Albin oder Schmalz backen.

Fettgebackenes war und ist vorwiegend zur Fasnachtszeit sehr beliebt. Zu dieser Gebäcksorte gehören die Hobelspäne deren Grundteig heute meistens mit Mürbteig hergestellt wird.
Oft wird ein Ende des Teigstreifens durch einen Schlitz gezogen und teilweise wird der Streifen über ein rundes Holz gelegt (Kochlöffel) gelegt und spiralförmig gewunden.
In Basel wird dieses Gebäck übrigens auf Eischneebasis hergestellt (ähnlich Katzenzungen) und nicht in Fett gebacken sondern im Ofen „getrocknet". Gerne wird auch noch einige Tropfen Rosenwasser zugegeben.

Heute: Ich backe Hobelspäne nach einem Rezept meiner Mutter:

500 g Mehl
125 g Zucker
1 geh. TL Backpulver
125 g Butter
150 g gemahlene Mandeln
3 Eier

1 Zitrone Schale und Saft
2 EL Rum
Puderzucker

Alle Zutaten verrühren und mit der nötigen Mehlmenge
verschaffen („hier musst du halt etwas probieren", sagte meine
Mutter). Es soll ein leichter Teig entstehen. An einem kühlen
Ort ruhen lassen. Teig dünn auswallen (1/2 cm) und in
schmale lange Streifen (10x3 cm) schneiden. In die Mitte
jeweils einen Schlitz von 4-5 cm einschneiden (nicht ganz
durch schneiden) und ein Teigende durch diesen Schlitz
ziehen. Schwimmend goldgelb ausbacken. Abtropfen lassen
und mit Puderzucker bestreuen

Kapuziner Gebäck

Lediglich ein altes Kalenderblatt zwischen den handschriftlichen Unterlagen meiner Mutter berichtete mir von diesem Gebäck:

Die Geschichte von Bruder Konrad von Parzham berichtet vom Kapuziner, der sich im Kloster von Altötting der Menschen und Ihrer Sorgen annahm. Im Jahre 1934 hat ihn die kath. Kirche heiliggesprochen.

> Brich dem Hungrigen dein Brot,
> du hast`s auch empfangen.
> Denen, die in Angst und Not,
> stille Angst und Bange.

Ein altes Rezept aus Österreich (Bewilligung der Fam. E. und S. Waldherr, Brunn am Gebirge):
3 Eier
20 dag Zucker
1 Vanille
14 dag Mandeln
14 dag Mehl mit ½ TL Backpulver
14 dag Semmelbrösel
Etwas Zimt
(Bemerkung: 1 dag = 10 g)

Kastanientörtchen

Transskription

1 Pfund Kastanien wird weich gesotten, geschält und warm durch ein Sieb gestrichen, 140 g Butter werden schaumig gerührt, 140 g Vanillezucker dazu getan sowie 1 Ei, dann das Kastanienmehl dazu gemengt, in gut bestrichene Förmchen gefüllt, langsam gebacken, herausgestürzt und so lang sie noch warm sind mit Vanillezucker bestreut.

Mein Rezept **(heutiges)** mit fertigen Kastanienpüree aus dem Lebensmittelgeschäft und Törtchen aus einem kräftigen Mailänderteig (ich liebe Marzipan):

125 g Butter
150 g Zucker
3 Eigelb
1 Ei
¼ P Vanillezucker
75 g Marzipanrohmasse
100 g Mehl
¼ P Backpulver

Die weiche Butter mit dem Zucker und dem Vanillezucker schaumig rühren und nach und
nach die Eier unterheben. Die Marzipanrohmasse in die Eierschaummasse einarbeiten, Mehl mit Backpulver mischen und unterheben. Kleine Förmchen mit einfetten und den Teig hinein geben. Die Kastanientörtchen bei 160 – 175 für ca. 15-20 Minuten backen. Die Törtchen etwas abkühlen lassen, aus den Förmchen stürzen. Damm mit einem Spritzsack das Kastanienpüree einfüllen. Mit Schlagrahm verziert servieren.

Zur Erinnerung: Mailänder Teig
Grundrezept: 200g Mehl 70g Zucker 100g Butter 1 Ei 1 P. Vanillzucker 1 Teel. Backpulver
Alle Zutaten verkneten, und 1 Stunde kühl stellen. Teig in eine Tarte form drücken.

Kartoffelhörnchen

Transkription
300 g Mehl, 250 g Kartoffeln (Vortag gekocht), Backpulver, 75 g Zucker, 2 Löffel Wasser, 3 dag Fett. *(1 dag = 10 g)*

Mehl und Backpulver werden in eine Schüssel gesiebt und mit den recht fein zerriebenen Kartoffeln, dem in Stücken geschnittenen kalten Fett und den übrigen Zutaten zu einem recht glatten Teig verarbeitet. Er wird auf bemehltem Brett dünn ausgerollt, in Dreiecke zerteilt, auf die man haselnussgrosse Stücke Marrmelade legt, dann aufrollt und zu Hörnern formt. Bei guter Hitze backen.

Wer glaubt, er würde so etwas NIE essen, sollte es unbedingt versuchen.

250 g Kartoffeln, Pellkartoffeln vom Vortag
250 g Mehl
100 g Zucker
1 Msp Salz
1 Ei
50 g Haselnüsse
½ Zitrone, abgerieben
1 P Backpulver
50 g Butter
Eigelb zum Bepinseln
Konfitüre nach Wahl. Nach Belieben etwas Puderzucker oder Hagelzucker zum Bestreuen.

Am Vortag die Kartoffeln kochen, abgießen, mit einem Tuch abdecken und an einen kühlen Ort stellen. Nicht in den Kühlschrank!
Ofen auf 175 Grad vorheizen.
Die Kartoffeln durch eine Presse drücken oder mit der Reibe reiben. Kartoffeln, Mehl, Zucker, Backpulver, Butter, Haselnüsse, Salz und Ei zu einem glatten Teig kneten. Den Teig für etwa 30 Min. in den Kühlschrank stellen. Den kühlen Teig messerdick (ca. 1cm) ausrollen. Quadrate (8x8 cm) ausschneiden. Ein Eigelb und 2 EL Milch verquirlen und die Stücke damit einpinseln. Auf die Quadrate etwas Konfitüre mit Milch geben und die Stücke von einer Ecke zu Hörnchen zusammen rollen. Nochmals bepinseln.

Backblech einfetten oder auf Backpapier platzieren. Bei mittlerer Hitze im vorgeheizten Backofen auf dem mittleren Blech ca. 20 Min. goldgelb backen. Die Hörnchen schmecken warm am besten.

Katharinchen

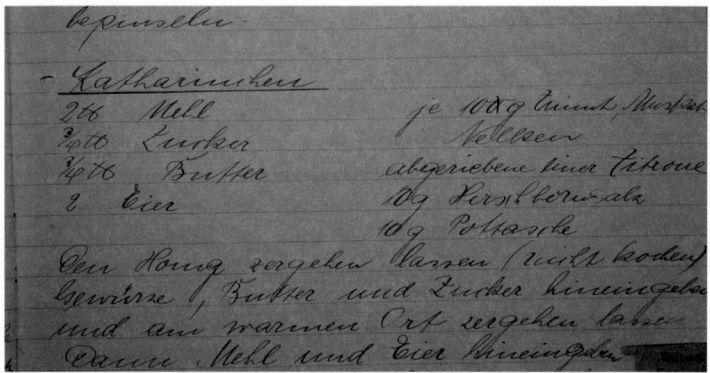

Transkript
2 Pfund Mehl
¾ Pfund Zucker
¾ Pfund Butter
2 Eier
Je 10 g Zimt und Muskat und Nelken
Abgeriebene Schale einer Zitrone
10 g Hirschhornsalz
10 g Pottasche

Den Honig zergehen lassen (nicht kochen). Gewürze, Butter und Zucker hineingeben und am warmen Ort zergehen lassen. Mehl und Eier hineingeben. Zuletzt in wenig Wasse gelöste Pottasche und Hirschhornsalz hineingeben. Teig gut durchkneten, blank schlagen, auswällen. Katharinenformen ausstechen, mit Ei bepinseln, bei mässiger Hitze braun backen (ca. 100 Katharinchen).

„Katharinchen" kommen aus Ostpreussen, sagte man mir. Die traditionelle Form soll aus sechs in zwei Reihen angeordneten und sich überlappenden Kreisen bestehen. Die Form soll die Umhänge der Nonnen im dortigen Klostersymbolisieren.

Das Katharinchen-Rezept: „heute"

500 g Mehl
200g Honig
200 g Zucker
50 g Butter
5 g Pottasche
1 Ei,
2 EL Lebkuchengewürz (Muskat, Zimt, gemahlene Nelken, Kardamom, etwas Ingwer)
1 Zitrone
3 EL Dosenmilch, 50 g abgezogene Mandeln
In manchen Rezepten wird noch Rosenwasser zugefügt.

Backofen auf 200 Grad vorheizen.
Honig, Zucker, Fett bei kleiner Hitze unter Rühren erwärmen (nicht kochen!), bis der Zucker geschmolzen ist. Abkühlen lassen.
Pottasche in einem EL Wasser auflösen. Mehl, Ei, Lebkuchengewürz, abgeriebene Zitronenschale und Pottasche

in einer Schüssel mischen. Honigmasse zugießen und alles erst mit dem Knethaken des Handrührgerätes, anschliessend mit den Händen kneten. Den Teig bei Zimmertemperatur zwei bis drei Tage, mit einem feuchten Tuch abgedeckt) stehenlassen.

Den Teig Portionsweise auf wenig Mehl oder zwischen Klarsichtfolie etwa 3 mm dick ausrollen. Plätzchen ausstechen oder in rauten schneiden und auf ein gefettetes Backblech legen. Die ausgestochenen Plätzchen müssen sehr weit auseinander auf das Backblech gelegt werden.

Mit Dosenmilch bestreichen, mit einer halben Mandel verzieren und im vorgeheizten Backofen 10 bis 12 Minuten backen und dann abkühlen lassen.

Volkslied

Katharinchen, wackres Mädchen,
mache mir die Türe auf,
denn es friert mich an meine Finger,
es ist draußen so kalt.

Lebkuchen

Das Kakaoprodukt trat nun einen regelrechten Siegeszug in Europa an. Dann, anfangs des 17. Jahrhunderts wurde es zum Anlass einer erbitterten Auseinandersetzung zwischen Jesuiten und puritanischen Dominikanern. "Die Jesuitenwaren für die Schokolade , die Dominikaner führten einen Feldzug dagegen. Erst im Jahre 1662 wurde der Streit durch Kardinal Brancaccio zu Gunsten der Schokolade beendet Wer will, darf seither in der Fastenzeit für Schokolade somit schwach werden und die Fastenzeit wohlschmeckend und verzichtlos überstehen.

Transkript Braune Kuchen oder Lebkuchen
1. Art
250 g Zucker, 500 g Mehl, 2 Eier, ¼ l Milch, 100 g Kakao, ½ Backpulver, Kakao in der Milch auflösen, unter die angerührte Teigmasse geben, nach Belieben mit Nelken und Zimt würzen, auf ein gefettetes Blech streichen, nach dem Backen in Rauten oder Stangen schneiden.
Oder
2. Art

25 g Kunsthonig, 200 g Butter, 200 g Zucker, 500 g Mehl, 1 gestrichenen TL Nelken, 1 gestrichenen TL Zimt, 1 gestrichenen TL Zitronenschale, 1 TL Backpulver oder 1 TL Natron. Fett mit Zucker und Honig langsam zum Kochen bringen, Mehl mit beimischen, Backpulver darunter mischen.

Die etwas abgekühlte Masse in das Mehl geben. Gut kneten, ausrollen, nach dem Backen in Rechtecke schneiden. Vorzüglich.

Von meiner Mutter kenne ich ein Rezept, das Sie, wie ich mich bestens erinnere, nahezu aus dem Gedächtnis kannte, da die Zutaten alle in 500 Gramm oder 250 Gramm bestanden. Sie erklärte uns beim Backen jedes Mal, dass die berühmten Elisenlebkuchen nicht mit Mehl zubereitet werden. „Aber in meine Lebkuchen darf Mehl hinein!"

Und wie so oft bei ihrem Weihnachtsgebäck verwendete sie Pottasche und die Teighäufchen wurden vor dem Backen auf kleine runde Oblaten gesetzt:

500 g Zucker
500 g gemahlene Haselnüsse
500 g Orangeat und Zitronat
500 g Sultaninen
10 Eier
250 g Butter
½ TL Nelken
3 TL gestrichene TL Zimt
12 g Pottasche
150 g Semmelbrösel
7-8 EL Mehl
1 Glas (10 cl) Cognac
Oblaten und Schokoglasur

Zitronat, Orangeat und Sultaninen mit der Küchenmaschine zerkleinern. Wer etwas mehr „Biss" möchte lässt einen Teil des Orangeat und Zitronat etwas gröber. Den Cognac darüber gießen, mit den gemahlenen Nüssen abdecken und über Nacht

ziehen lassen. Nun gibt man die übrigen Zutaten dazu, und vermischt mit der zerlassenen Butter. Es entsteht ein sehr klebriger Teig.
Runde Häufchen auf die Oblaten streichen und bei 180-200 Grad für etwa 15-20 Minuten backen.

Linzer Törtli

Transskription
Linzer Tortletten
Auf 8 Loth (½ Pfund) Mehl, 8 Loth rohe geriebene Mandeln oder Haselnüsse, 8 Loth Zucker, 8 Loth Butter und gereinigte Zitronenschalen nimmt man 2 Dotter, macht schnell den Teig zusammen, rollt ihn gut messerrückendick aus und sticht runde Plätzchen aus, belegt sie mit einer gespaltenen Haselnuss oder Mandel und backt sie bei gut warmem Rohr hellgelb. Wenn sie erkaltet sind, überziehe man sie mit Zitronenguss. Variation: Man legt 2 Plätzchen aufeinander, gibt etwas Marmelade dazwischen und überzieht auch sie mit Zitronenguss.

Linzertörtli galten als beliebter Leckerbisse zum Dessertbuffet. Sie haben eine handliche Grösse, und zudem den Vorteil, dass gut einige Tage aufbewahrt werden können. Die grosse Schwester, die Linzer Torte, kommt aus Österreich. «Zu einer richtigen Linzer Torte gehört Ribisel-Marmelade», sagt man dort und Ribisel nennen die Österreicher die Johannisbeeren. Natürlich wird die Linzer Torte vielerorts mit Himbeer-Konfitüre gemacht wird. Vor einigen Jahren hat das «Kleine Lexikon der unglaublichen Lügen und Irrtümer» in Linz nahezu ein Erdbeben ausgelöst mit der Behauptung, die Linzer Torte hätte mit Linz gar nichts zu tun, sondern sei von einem Wiener Zuckerbäcker namens Linzer erfunden worden. In den Quellen liess sich jedoch kein Bäcker namens Linzer auffinden und die Linzer Torte bleibt somit weiter ein Kind der Stadt Linz. Und solange gilt, dass die Linzer Torte, erstmals erwähnt in einer Rezeptsammlung aus de im Jahr 1653, die älteste Torte der Welt ist.

Die Hauptzutaten haben sich **bis heute** nahezu nicht verändert: Mehl, Mandeln/Haselnüsse, Butter, Zucker, Eier, (Kakao), Zimt, Nelkenpulver, Kirsch, Konfitüre.

175 g Butter
250 g Mehl
165 g Puderzucker oder Zucker
125 g geröstete Haselnüsse
1 TL Kakao
1 Ei
etwas Milch, Gewürze (Vanille, Zitrone, Zimt, Nelkenpulver)
10 g Backpulver
300 g rote Johannisbeer-Konfitüre oder Himbeerkonfiture, gehobelte Mandeln nach Wunsch

Die Butter und den Zucker verkneten. Mehl und Backpulver mischen. Nüsse, Eier, Gewürze und Milch (falls nötig)

ebenfalls hinein kneten. Den fertigen Teig einige Stunden kalt stellen. Den Teig aus dem Kühlschrank nehmen, auswallen und mit ca. 2/3 des Teiges etwa 10 gefettete Förmchen auslegen und kräftig mit Himbeerkonfi bestreichen. Den restlichen Teig ausrollen und mit dem Teigrädchen in schmale Streifen schneiden. Manche stechen auch kleine Herzen oder Ringe aus. Die Törtchen belegen. Eigelb mit etwas Rahm vermischen und bestreichen.
Bei 175 Grad etwa 25 -35 Minuten backen. Hin und wieder kontrollieren und gegebenenfalls am Schluss mit Alufolie abdecken.

Ma

Transkript

Einen 6 cm breiten Mürbeteigstreifen ausrollen und an den Seiten rechts und links gerollten Mürbeteig legen. Mit Eigelb bestreichen, in die Mitte streicht man Makronenmasse nicht zu dick, nach dem Backen noch heiß in schräge Streifen schneiden und mit Zuckerguss bestreichen. Zu einer solchen Makronenmasse fügt man etwas Butter, Kakao und Zucker.

Malakoff

Transkript Malakoff

Es wird von 1 Pfund Mehl, 2 Löffel gut gezuckerter Hefe, 1 Quart lauer Milch ein Vorteig gemacht. Ist dieser gegangen, arbeitet man ihn mit ungefähr ¾ Quart lauer Milch, gibt ½ Teelöffel feines Salz und, wer liebt, ebenso viel Kümmel dran, und lässt ihn weiter gehen. Dann nimmt man ihn aufs Nudelbrett und arbeitet ihn so lang mit Mehl aus, bis die Hand trocken bleibt. Eine hohe Blechform wird mit Butter bestrichen, die Masse hinein gefüllt, oben wieder mit Butter gestrichen und muss dann noch mehr gehen. Dann in gut heißem Rohr gebacken. Ist er schön gelb, muss der Brot sofort aus dem Model genommen werden.

Heute: Ich liebe die Malakofftorte mit Löffelbiskuit

½ L Milch
1 P Vanillepudding
100 g Butter
100 g Zucker
8 Blatt Gelatine, weiss

2 P Löffelbisquit
250 g Butter
1 P Vanillezucker
1 Eigelb
1 Tasse Kaffe
3 EI Rum oder Kirschwasser
200 ml Rahm
100 g Mandelblättchen (oder Schokospäne)

Mit den 500 ml Milch und 2 EL Zucker einen Pudding
zubereiten (gemäss Verpackungsangabe). Butter mit Zucker
schaumig rühren. Den erkalteten Pudding löffelweise
einrühren. Gelatine in kaltem Wasser einweichen. Rahm steif
schlagen. Die weichen Gelatineblätter ausdrücken und in 2 EL
warmen Rum auflösen. Die aufgelöste Gelatine zügig in die
Puddingcreme einrühren und die geschlagenen Rahm
unterheben
2 EL Rum mit 1 Tasse Kaffee in einer Schüssel vermischen.
Eine Springform mit Frischhaltefolie auslegen. Die
Löffelbiskuits auf einer Seite in die Kaffee-Rum-Mischung
tränken und auf den Boden legen.
Abwechselnd Biskuits (Unterseite getränkt) und Creme in die
Tortenform schichten (mit Biskuits abschließen).
Frischhaltefolie über die Torte legen und z.B. mit einer

Milchpackung beschweren (am besten über Nacht). Am nächsten Tag mit Schlagrahm verzieren.
Torte kalt stellen, mit Schlagrahm bestreichen und mit Mandelblättchen (oder Schokospänen) verzieren.

Meringues

Transkription
Cafe baisers
Von 2 Eiweiss wird ein sehr fester Schnee geschlagen, dann ein gehäufter Löffel voll davon weggetan. Unter den übrig gebliebenen Schnee mischt man ¼ Pfund Staubzucker und 1 ½ EL Cafeextrakt, füllt dies in eine Tüte, belegt ein Holzbrett mit Papier und dreht spitze Häufchen, backe sie zuletzt, setze nun immer zwei aufeinander.. Den Cafeextrakt macht man am einfachsten gleich im 1. Aufguss des Herrschaftscafes.

Baisers, spanischer Wind oder in der Schweiz Meringues und im Schwäbischen Schümle genannt, werden mit verschieden Grundmassen hergestellt: Kalt geschlagen, warm geschlagen oder gekocht.

Falls sie heute noch jemand selber herstellen möchte, hier ein Rezept:

3 Eiweis
125 g Zucker
Salz

Ofen auf 100 Grad vorheizen.

Das Eiweiss in eine Rührschüssel geben und zerst auf langsamer Stufe und dann auf höchster Stufe fest schlagen. Prise Salz zugeben. Zucker nach und nach zugeben. Masse in Spritzbeutel füllen und mit einer Sterntülle Rosetten auf ein mit Backpapier belegtes Backblech spritzen. Nicht backen sondern auf mittlerer Stufe während 2 Stunden „trocknen" lassen.
Erst wenn durchgetrocknet in Dosen füllen!

Mohrenköpfe

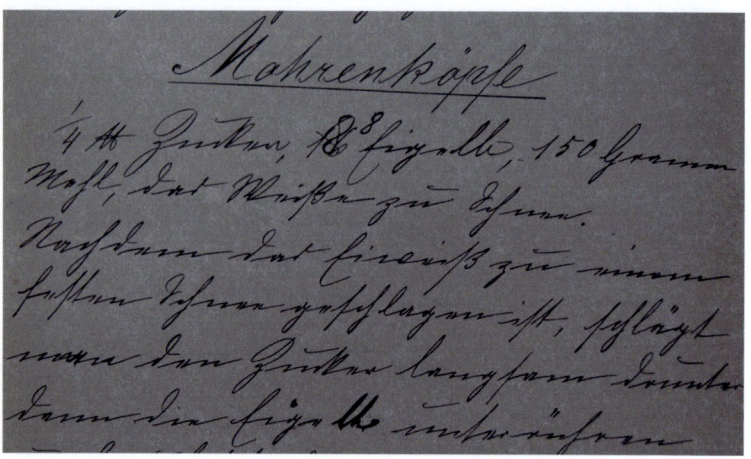

Das, was unsere Grossmütter unter dem Begriff „Mohrenkopf" verstanden ist in keiner Weise mit den heute fabrizierten „Vettern" dieses Gebäcks zu vergleichen. Ganz abgesehen davon, dass sich zwischenzeitlich viele schuldbewusst umschauen und dann doch lieber einen Schokokuss" verlangen.

Wer einen „Mohrenkopf" wie früher herstellen möchte muss folgendermassen vorgehen:

250 g Zucker und 8 Eigelb schaumig schlagen.
Eiweis s zu s,teifem Schnee schlagen.
250 g Mehl und das Eiweiss nach und nach unterheben.
Auf ein Backblech kleine Häufchen setzen und bei mässiger Hitze backen. Noch warm vom Blech nehmen, etwas aushöhlen und abkühlen lassen.

Danach Schlagrahm oder vanillecreme hinein geben und
jeweils zwei zusammen setzen. Mit Schokoglasur überziehen.

Katzenzünglein

Transkript
Reibe ein Pfund Mandeln auf einem Tuch recht ab, stosse sie ungeschält, ung gebe ein Pfund gesiebten Zucker, 1 Lot (16 g) Zimmet, ½ Lot Nägelein und 5 wohl verklopfte Eiweiss dazu. Vererbeite zu einem Teig, wahle ihn halb fingerdick aus, drücke ihn in die Formen, streue Zucker auf ein Blech und lasse die Zünglein backen

Rezept für Katzenzungen heute

120 g Mehl
120 g Puderzucker
120 g Butter
1 P Vanillezucker
1 Msp abgeriebene Zitronenschale
4 Eier
Kuverture oder Blockschokolade

Den Backofen auf 160 Grad vorheizen.
Die weiche Butter mit dem Puderzucker und Vanillezucker schaumig rühren. Das Eiweiß mit einer Prise Salz steif schlagen, 1 EL Puderzucker unterrühren. Nun Mehl und Eiweiß vorsichtig unter die Buttermasse rühren. Den Teig in einen Spritzbeutel mit glatter Lochtülle füllen und ca. 6-7 cm lange Stangen auf ein mit Backpapier ausgelegtes Backblech spritzen. Wer eine entsprechende Backform besitzt, verwendet natürlich diese! Genügend Abstand lassen, die Katzenzungen laufen beim Backen etwas auseinander.
Ca.. 10 Minuten backen. Die Ränder ganz leicht bräunlich

werden lassen. Herausnehmen und auf einem Kuchenrost erkalten lassen.

Die Kuvertüre im Wasserbad schmelzen und die Katzenzungen zur Hälfte eintauchen und trocknen lassen.

A B C die katze lief in' n Schnee
wie sie wieder rauskam
hatt' sie weiße Stiefel an

Kinderreim

Nussmakronen

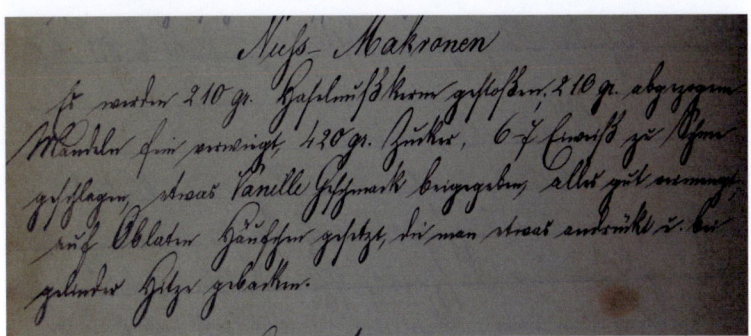

Transkript

Es werden 210 g Haselnusskerne gestossenn 210 g abgezogene Mandeln fein gewiegt, 420 g Zucker, 6-7 Eiweiss zu Schnee geschlagen , etwas Vanillegeschmack beigegeben, alles gut vermengt auf Oblaten Häufchen gesetzt, die man etwas eindrückt, und bei gelinder Hitze gebacken

Ringel, Ringel, Reie,
d Chinde gönd i d Meie
d Buebe gönd i d Haselnuss
und mache alli husch, husch, husch.

Kinderreim

Pfefferkuchen

Transkription Einfache Pfefferkuchen

375 g Sirup wird mit 150 g Margarine und 300 g Zucker aufgekocht, abkühlen lassen und mit 500 g Mehl zu einem Teig zusammen gemischt, der mit je 3 g Zimt, Nelken, Kardamom und Muskatblüte gewürzt wird und dem man 10g mit etwas Rosenwasser aufgelöste Pottasche zusetzt. Der Teig muss erst 24 Stunden mäßig warm stehen und dann 14 Tage an einem kühlen Ort liegen. Nach dieser Zeit rollt man ihn zu ½ cm dicken Platten aus, von denen man Formen in beliebiger Art aussticht oder schneidet. Sie werden in nicht zu heißem Ofen gebacken und mit Zitronenguss überzogen, wenn sie fertig gebacken sind. Zu diesem Guss muss man Puderzucker mit Wasser zur Salbendicke anrühren und soviel durchgeseihten Zitronensaft daran tun, dass der Zucker genügend Geschmack erhält. Man trägt ihn mit dem Pinsel auf die Küchlein auf und trocknet sie im Ofen etwas nach.

Transkript Braune Pfeffernüsse
500 g guten Sirup lässt man aufkochen, gibt 50 g Butter und 1 Pfund Mehl hinein, verrührt es kräftig, gibt 15 g in wenig Milch aufgelöste Pottasche hinzu und lässt alles 24 Stunden ruhen. Dann gibt man 20 g abgezogene Mandeln fein gerieben, etwas Zitronenschale, feingehacktes Zitronat und Orangeat, Zimt und Kardamom zu. Der Teig wird dann 1 cm dick ausgerollt, kleine Plätzchen ausgestochen, auf jedes ein Stückchen abgezogene Mandel gelegt und in mäßiger Hitze 20-25 min. gebacken.

Schnitten

Transkript Schnitten
140 g Butter wird sehr schaumig gerührt, 4 Eidotter dazu verrührt,
dann abwechselnd immer 1 Löffel von jedem. 105 g Zucker und
140 g Mehl, zuletzt der Schnee von Eiweiß, der geriebenen ½
Zitronenschale und 70 g Himbeeren. Ein Kuchenblech wird mit
bebuttertem Papier belegt, darauf der Teig gegossen und dick mit
Mandeln bestreut. Nachher in Schnitten geschnitten.

Schokoladen Brötchen

Transkription
2 Eiweiss zu Schnee geschlagen, 11/2 Pfd. Zucker u 1 Loth
geriebene Schokolade. Kleine Häufchen gemacht u bei gelinder
Hitze gebacken.
Transskription aus Louise Haffter-Burckhardt, 188u, UB Basel

Heutiges Rezept

500 g Mehl
1 TL Salz
4 TL Zucker
20 g Hefe
50 g Butter
250 ml Milch
1 Tafel Block-Schokolade
50 g Hagelzucker
etwas Milch zum Bestreichen

Mehl mit dem Zucker und 1 Teelöffel Salz vermischen. 250 ml Milch leicht erwärmen und die Hefe hinein bröckeln. Mehlmischung in eine Schüssel geben und die Milch-Hefemischung darüber giessen. In der restlichen Milch die Butter auflösen und unter den Teig kneten. Den Teig eine gute Stunde ruhen lassen.

Vom Teig kleine Kugeln formen und einige Schokowürfel hineindrücken. Die Brötli mit Wasser einpinseln und nochmals gehen lassen. Mit Hagelzucker bestreut (geht bestens durch Hin- und Herwälzen in einem Sieb) bei 200 Grad 15-20 Minuten backen. Mit Milch bestreichen.

Teegebäck in "S" – Form

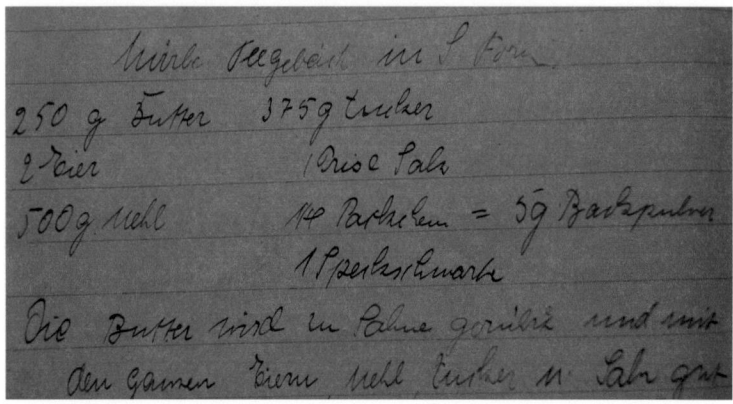

Die schlicht und einfach als „S" oder „mürbe S" bezeichneten Bachwaren tauchen in alten Handschriften immer wieder auf. Sie waren mit wenigen Zutaten leicht herzustellen. Das Neue Stuttgarter Kochbuch von 1923 nennt folgende Zutaten:

1 Pfund Mehl
½ Pfund Butter
60 g Zucker
Abgeriebene Schale einer Zitrone
3 Eigelb

Die Zutaten sind bis heute nahezu gleich geblieben. Zu obigen Zutaten noch ½ P Backpulver und falls man möchte, 1 P Vanillezucker geben und loslegen!

Alle Zutaten werden zu einem festen Teig verknetet und zugedeckt 1 Stunde im Kühlschrank ruhen gelassen. Den Teig dann durch einen Fleischwolf mit einem Aufsatz für Spritzgebäck drehen und beliebige Plätzchen herstellen. Die

Plätzchen auf ein mit Backpapier belegtes Blech legen.
Im vorgeheizten Backofen bei 180 Grad ca. 10-15 Min.
backen.
Tipp: Alle Zutaten sollten bei der Zubereitung die gleiche
Temperatur haben.
Eine normale Gebäckpresse funktioniert bei diesem teig nicht
gut. Wer keinen Fleischwolf besitzt, sticht einfach
Plätzchenformen aus.

Ich erinnere mich, dass meine Oma und auch meine Mutter
mal so zwischendurch dieses Gebäck für uns Kinder herstellte.
Ihre" S" wurden jedoch nicht gerollt, sondern sie presste den
Teig durch einen Fleischwolf mit einem speziellen Vorsatz.
Sie hatten Längsrillen an der Oberfläche.
Meine Mutter unterschied sogar noch zwischen kleinen und
grossen „S". wobei offensichtlich die kleinen in der
Herstellung etwas billiger waren, da ohne Triebmittel
gearbeitet wurde.

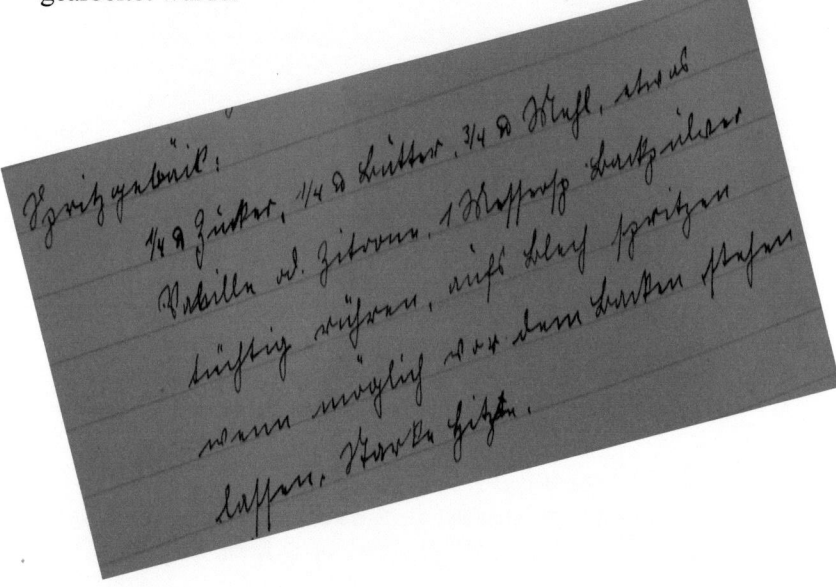

Thee Stengel und Thee Röllchen

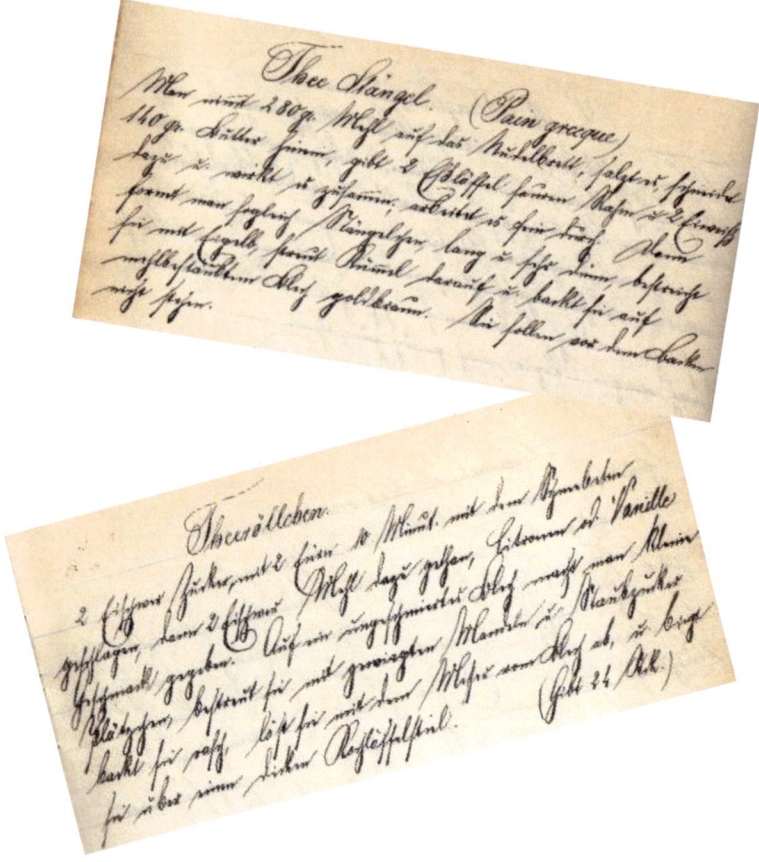

Transkript Tee Stängel (Pain gracque)
Man nimmt 280 g Mehl auf das Nudelbrett, salzt es, schneidet
140 g Butter hinein, gibt 2 Ess-löffel sauren Rahm und 2 Eier

dazu und wirkt es zusammen, arbeitet fein durch. Dann formt man sogleich Stängelchen, lang und sehr dünn, bestreicht sie mit Eigelb, streut Krümel darauf und backt sie auf eingestrichenem Blech goldbraun. Sie sollen vor dem Backen nicht stehen

Transkript

2 Eischwer Zucker mit 2 Eiern zehn Minuten mit dem Schneebesen geschlagen, dann 2 Eischwer Mehl dazu getan, Zitrone – oder Vanillegeschmack gegeben. Auf ein ungeschmiertes Blech macht man kleine Plätzchen, bestreut sie mit gewiegten Mandeln und Staubzucker, kocht sie rasch, löst sie mit dem Messer vom Blech ab und biegt sie über einen dicken Kochlöffelstiel (gibt 25 Stück).

Vanillebrot

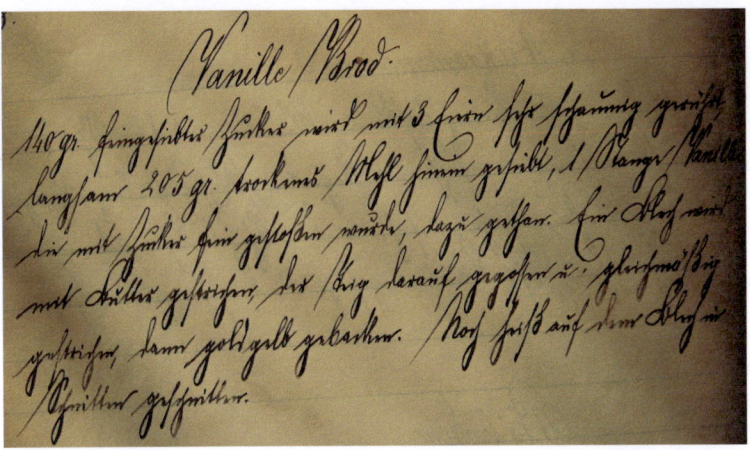

Transkription Vanillebrot

140 g feingesiebter Zucker wird mit 3 Eiern sehr schaumig gerührt, langsam 205 g trockenes Mehl hinein gesiebt, 1 Stange Vanille , die mit Zucker fein gestossen wurde, dazu getan. Ein Blech wird mit Butter gestrichen, der Teig darauf gegossen und gleichzeitig gestrichen, dann goldgelb gebacken. Noch heiss auf dem Blech in Schnitten geschnitten.

Bei Nachfragen habe ich festgestellt, dass Hausfrauen heutzutage sowohl unter Vanillebrot als auch unter Vanillebrötli etwas anderes verstehen. Mit Vanillebrot wird ein Brot (meistens in Kasten-Brotform) aus Hefeteig unter Zugabe von Vanille oder Vanillezucker verstanden.

„Vanillebrötli „ bezeichneten nahezu alle als „Vanillegutzli" , die auch noch gebacken werden. Teilweise wird der Teig ausgewallt und Halbmonde ausgestochen (mit Zuckerwasser bestrichen) oder (wie unten) es werden kleine Teighäufchen gebacken.

Das Rezept dazu **heute:**

3- 4 Eier
250 g Zucker
250 g Mehl
1 bis 1 1/2 Päckchen Vanillezucker

Backblech einfetten und mit Backpapier ausschlagen. Eier und Zucker schaumig rühren. Zucker muss vollständig aufgelöst sein. Vanillezucker unterrühren. Mehl nach und nach drunter mischen. Mit zwei Kaffeelöffeln kleine Teighäufchen auf das Backpapier setzen. Über Nacht trocknen lassen, im Backofen bei 185 Grad 15 Minuten backen.

Vanilla brötli

8 Loth Zucker, 12 Loth Butter, 16 Loth Mehl, ein Stückchen Vanille, mit dem

Transkript
8 Loth Zucker, 12 Loth Butter, 16 Loth Mehl, ein Stückchen
Vanille, mit dem Zucker gestossen. Schaffe darus schnell
einen leichten teig, lass ihn ein wenig liegen, stich ihn dann
mit einem Glas aus , backe sie bei gelinder Hitze. Sie müssen
fasst weiss bleiben und brauchen gar nicht lange im Ofen zu
sein.

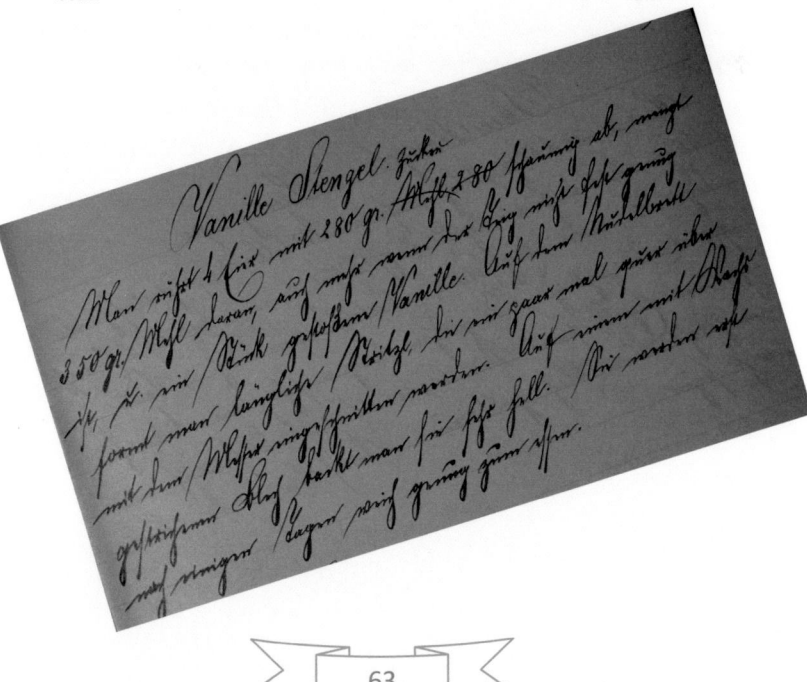

Kuchen

Kuchen sind in meinen alten Handschriften in sehr grosser Zahl zu finden. Die Anzahl würde den Umfang dieses kleinen Buches sprengen.
Ledig jene Kuchen, die mir aus meiner Kindheit noch in Erinnerung sind, habe ich aufgeführt. Als Kind habe ich sie geliebt .....später wurden sie mir von meiner Mutter bei jedem Besuch wieder vorgesetzt.....jetzt vermisse ich sie wieder. Blitzkuchen, Marmorkuchen und Napfkuchen.

Blitzkuchen

Transkription
6 Eierschwer Zucker, 4 Eierschwer Mehl, 2 Eierschwer Butter
Zucker und Butter wohl zusammen gerührt, dazu nach und nach
die 6 Eier und zuletzt das Mehl.

Der „Blitzkuchen" musste einfach mit in dieses Buch hinein.
Er erscheint nahezu in jeder handschriftliche Aufzeichnung
und muss sehr beliebt gewesen sein. In meiner Kindheit war
das auch so. Meine Mutter nannte ihn teilweise auch
Blechkuchen, weil der Teig auf ein Backblech gestrichen
wurde. Der Kuchen war hoppla-hopp fertig, erinnert etwas an
Bienenstich und ich habe als Kind natürlich immer versucht,
nur die knusprige süsse Decke zu essen. Das Rezept ist
einfach zu behalten. Als Masse für diesen Kuchen verwendete
meine Mutter jeweils Rahmbecher (also etwa je 200 Gramm).

1 Becher Rahm
1 Becher Zucker
2 Becher Mehl
4 Eier
1 P Vanillezucker
Abgeriebene Schale einer Zitrone

1 P Backpulver
Belag:
100 g Zucker
100 g Butter
100 gehobelte Mandeln
1 EL Milch
1 P Vanillezucker

Den Backofen vorheizen auf 200 Grad. Die Zutaten für den
Rührteig rasch verarbeiten und auf einem mit Backpapier
ausgelegtem Backblech ausstreichen. Während etwa 15-20
Minuten backen. In der Zwischenzeit Butter, Zucker, Milch
und Mandeln kurz aufkochen und anschliessend abkühlen
lassen. Die Masse auf den vorgebackenen Kuchen geben und
diesen weitere 15 – 20 Minuten backen. Die Masse sollte
eingezogen und goldgelb werden. Noch warm in Stücke
schneiden und erst dann auskühlen lassen.

Marmorkuchen

Marmorkuchen ist ein Rührkuchen aus Rühr- oder Sandmasse.
Ein Teil der Masse wird mit Kakao dunkel gefärbt und
schichtweise nur leicht mit der übrigen hellen Masse
vermischt, wodurch ein an Marmor erinnerndes Muster
entsteht.

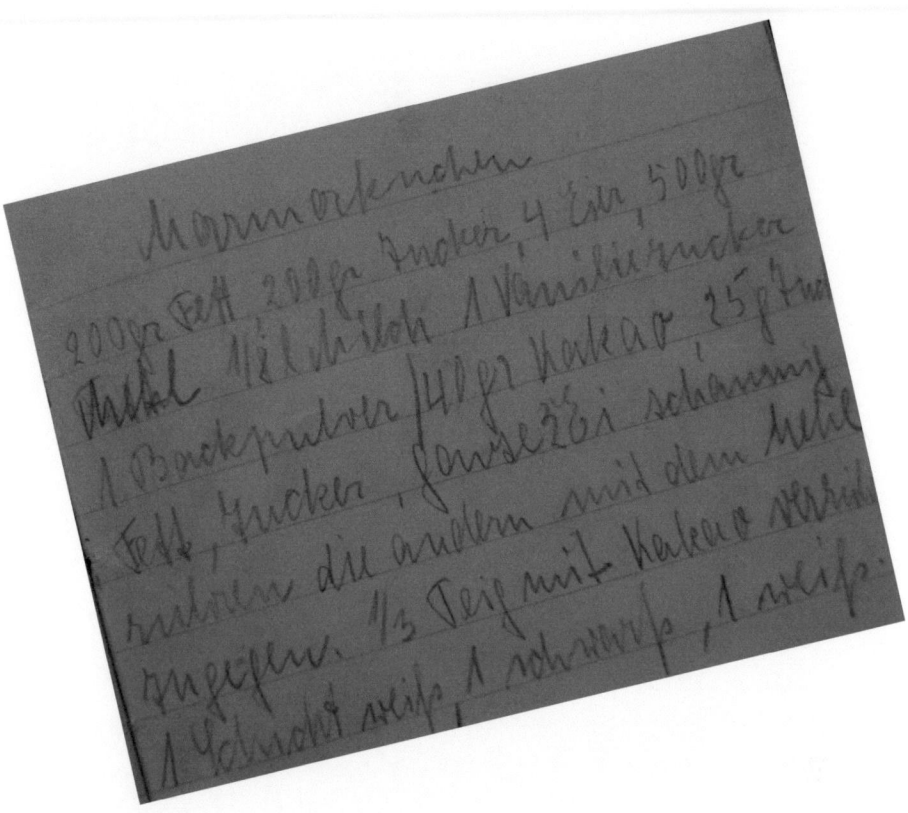

Heute

Marmorkuchen ist schnell und einfach herzustellen. Hier mein schnelles und sicheres Rezept:

250 g weiche Butter,
250 g Zucker,
1 Päckchen Vanillezucker
2 EL Rum
1 Msp Zitroneschale

3 Eier
 1 Pr. Salz
1 Päckchen Backpulver
125 ml lauwarme Milch
400 g Mehl
2 EL dunkles Kakaopulver
2 El Zucker

Butter und Zucker schaumig schlagen, Eier, Salz und
Vanillezucker unterrühren, Milch, Mehl und Backpulver
unterheben bis der Teig schwer vom Löffel fällt. Etwa die
Hälfte dieser Masse in eine gefettete Gugelhupfform geben

Den restlichen Teig mit Kakao, Zucker und evtl. etwas Milch
verrühren und auf den hellen Teig in die Form geben. Mit
einer Gabel von oben in den Teig stechen und beim
herausziehen die Gabel drehen damit sich die helle mit der
dunklen Masse leicht vermischt. Dies ergibt die
Marmormuster Bei 175 Grad etwa 45 -60 Min. backen.
Er soll jedenfalls keine zu harte Kruste kriegen und eher heller
backen, damit er auf keinen Fall trocken wird. Man sollte
natürlich die Stäbchenprobe machen. Mit Puderzucker oder
Fettglasur servieren.

Napfkuchen

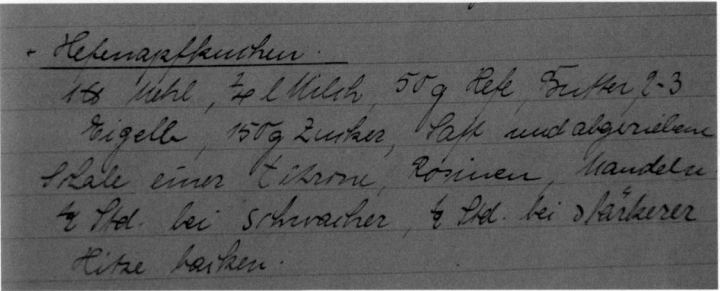

Meine Mutter nannte ihn immer den „Hundertjahrkuchen",
oder manchmal auch „Rodonkuchen". Ich kenne ihn als
Gugelhupf. In Südwestdeutschland und in der Schweiz kennt
man auch eine Variante, die sich Baba nennt, in Thüringen
nennt er sich Aschkuchen.
Niemand kann mit Bestimmtheit sagen, wo er herkommt. Die
Franzosen sind überzeugt, dass der Gugelhupf zu ihnen
gehört und feiern einmal im Jahr ein Gugelhupf-Festival (Fête
du Kougelhopf). Es wird dann die Legende erzählt, dass die
Heiligen drei Könige durch das Elsass gereist seien und zum
dank für die freundliche Aufnahme einen Kuchen gebacken
hätten. Der Kuchen hatte die Form eines Turban.

Ich ziehe **heute** die Variante mit Quark und Sultaninen vor:

400 g Mehl
200 g Butter
200 g Zucker
3 Eier
250 g Quark
1 P Backpulver

125 g Sultaninen
Zitronenschale
Puderzucker

Butter, Zucker, Eier, eine Prise Salz und Zitronenschale
schaumig rühren und dann den Quark unter rühren. Mehl mit
dem Backpulver vermischen, darüber sieben und alles zu
einem Teig verarbeiten. Zuletzt die Sultaninen unterarbeiten.
Falls der Quark sehr trocken ist, etwas Milch zugeben.
In eine Gugelhupfform füllen und bei 180° ca. 1 Stunde in
backen.
Mit flüssiger Butter bepinseln und danach reichlich mit
Puderzucker bestreuen.

Heute
Wer lieber die **„Hefe-Variante"** mag (gelingt immer und wird
nicht so trocken):
500 g Mehl
1 Würfel hefe
1 TL Zucker
4-5 EL Milch, handwarm
150 g Zucker
1 P Vanillezucker
Zitronenschale, abgerieben
200 g Butter
3 Eier
1/8 L Milch, handwarm
150 g Rosinen
Puderzucker zum Bestäuben

Ofen nicht vorheizen.

Den Hefewürfel zerbröseln, mit 1 TL Zucker überstreuen und 5 EL lauwarme Milch zugeben und verrühren. Etwa 15 Min. bei Zimmertemperatur gehen lassen.

Mehl in eine Schüssel geben, Zucker, Zitronenschale, Salz, zerlassene Butter und die Eier zufügen und verrühren . Die Milch mit der Hefe zugeben und dann die restliche Milch. Kneten, bis sich Blasen bilden. Zugedeckt an einem warmen Ort etwa 1 Stunde gehen lassen, bis sich der Teig verdoppelt hat.

In der Zwischenzeit die Rosinen waschen, abtropfen lassen und unter den Hefeteig kneten.

Eine Form einfetten und mit Semmelbröseln ausstreuen. Den Teig einfüllen und im noch nicht angeheizten Ofen nochmals gehen lassen.

Dann Backofen auf 175 - 200 Grad anstellen und etwa 50 Minuten backen. Nach 35 Min kontrollieren, ob die Oberfläche nicht zu dunkel wird (in diesem Fall mit Alufolie abdecken).

Kurz abkühlen lassen, stürzen und wenn erkaltet, mit Puderzucker bestreuen.

Napfkuchen

350g Mehl, 150g Maisena, 250g Butter
200g Zucker, 4 Eier, 60g Mandeln
125g Rosinen, 125g Korinthen, 50g Sukkade
Prise Salz, Zitronenschale, 1P. Backin
1 Tasse Milch, — Eischnee —
Backzeit 1 Std.

42

Sandtaschkuchen für

		6 Eier	Mehl
Butter			
Zucker		500g	Korinthen
Rosinen		125g	piverat
g. Mandeln		30g	
Backpulver			

375g
375g
125g
125g

Rühr dich herstellen u. in einer
Kastenform ¾ Std (elektr. 90 min ⁰/₃
15 min ³(0) backen

Savarin au Rum

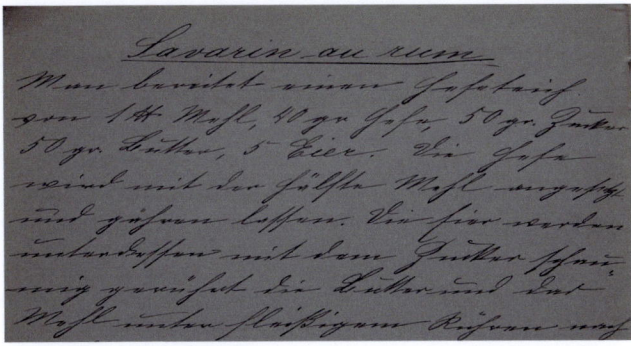

Transkript Savarin au rum
Man bereitet einen Hefeteig von 1 Pfund Mehl, 40 g Hefe, 50 g
Zucker, 50 g Butter, 5 Eier. Die Hefe wird mit der Hälfte Mehl
angesetzt und ziehen lassen. Die Eier werden unterdessen mit
dem Zucker schaumig gerührt, die Butter und das Mehl unter
fleißigem Rühren nach und nach hinzufügen. Jetzt wird das
Hefestück stark genug aufgegangen sein und beide Sachen gut
zusammen gerührt, in die gebutterten Ringe gefüllt, nochmals
aufgehen lassen und dann backen. Der Savarin kommt warm
und geschnitten zu Tisch und wird mit Läuterzucker und Rum
getränkt.

Savarin sind benannt nach dem Richter und Gastrosophen
Brillat-Savarin, der von 1755 bis 1826 in Paris lebte. Es sind
kleine oder auch grosse Kuchen aus Hefteig, die in einer
speziellen Ringform gebacken werden. Savarins werden mit
einer Alkohol-Zucker-Lösung getränkt und in die Mitte gibt
man steif geschlagenen Rahm und Früchte.
Ich liebe besonders die kleinen Küchlein, die man beim
Confisseur aber auch in grossen Einkaufszentren an der Theke
bekommt.

Heute

Der Teig wird wie folgt zubereitet:

250 g Mehl
3 EL warme Milch
20 g Hefe
1 EL Zucker
2 Eier
1 P Vanillezucker
1 Pr. Salz
60 g warme Butter, geschmolzen

Einen Hefeteig zubereiten Einen Portionsring (10 cm Durchmesser) einfetten und bis zur halben Höhe mit dem Teig füllen. In dem Förmchen gehen lassen und im vorgeheizten Ofen bei 190 Grad etwa 30 Minuten backen. Die Ringe aus der Form nehmen und auskühlen lassen.

Zum Tränken folgendes vorbereiten: 6 cl Rum,1 Glas Weisswein, ¼ L Wasser mit 150 g Zucker klar kochen und die Savarins mit dieser Flüssigkeit tränken. Vorher die Oberfläche des Teigs einstechen, damit der Teig völlig vollgesogen ist. Bis zum Verzehr kühlstellen.

Zwetschgendatschi

ZWETSCHGEN DATSCHI

3/4 kg gekochte, halbe Kartoffeln warm ab-
gezogen u. zerrieben. Dazu kommen
50 g Margarine, etwas Salz u. Wärme,
wirke, daß man den Teig noch fein
ausrollen kann. In einem
gefetteten Auflaufform 1 kleiner ...
... 1 kg in höfte hierbei. Zubereiten
Zwetschgen, etwas Zuzichhen u. die
2. Zwetschgen. Die ... oben ...
Zimtot u. Zucker bestreut, ca 3/4 Std
backen.

Heute
300 g Mehl gesiebt
150 ml Milch

30 g Zucker, feiner
40 g Frischhefe
50 g Butter
1 Ei
Schale einer halben Zitrone
Prise Salz
1200 gZwetschgen
frisch flüssige Butter
Bisquitbrösel
Zimtzucker (1/2 TL Zimt)
1 Glas Aprikosenkonfitüre

Den Ofen auf 200-210 Grad vorheizen.
Mehl sieben. Die Milch mit dem Zucker leicht erwärmen.
Hefe zerbröckeln und darin auflösen.
Einige EL Mehl unterrühren. Diesen Vorteig abgedeckt an
einem warmen Ort gehen lassen. Butter auflösen und mit dem
Ei, Salz und dem restlichen Mehl zu einem geschmeidigen
Teig verarbeiten. Den Teig gleichmäßig ausrollen, auf ein
gefettetes oder mit Backpapier ausgelegtes Backblech legen
und dort nochmals gehen lassen. Die Zwetschgen waschen
und entkernen. Den Teig mit flüssiger Butter bestreichen und
reichlich mit den Biskuitbröseln bestreuen.
 Mit den Zwetschgen belegen. Nun auf der mittleren Schiene
ca. 30-35 Minuten backen, bis der Boden Farbe annimmt.
Den noch warmen Kuchen mit Zimtzucker bestreuen und
abkühlen lassen. Aprikosenkonfitüre mit einem Schuss Rum
erwärmen. Die Zwetschgen darin glasieren. Mit Schlagrahm
servieren.

Cremes und Puddings

Basler Pudding

Der alte, sehr schmackhafte „Basler Pudding" baut auf dem „Viktoria Pudding" auf. Der Masse des Viktoria Puddings (siehe unten) wird vor dem Eischnee ein Kaffelöffel Zimt, eine

Messerspitze Nelkenpulver, 20 Gramm Zitronat und Orangeat sowie ein Esslöffel Kirsch zugegeben. Dafür werden keine Sultaninen verwendet.

Der Pudding wird kalt oder auch warm mit einer Savayon oder Fruchtsauce aufgetischt.

Süsse Puddings wurden in England erst im Viktorianischen Zeitalter so richtig populär, was in England auch auf den Einfluss der deutschen Küche nach der Heirat von Königin Victoria mit einem deutschen Prinzen zurückgeführt wird. In den Kochbüchern dieser Zeit gibt es zahlreiche Pudding-Rezepte mit deutschen Namen wie Kassel Pudding, Kaiser Pudding oder Albert Pudding nach dem Prinzgemahl. Schon König Georg I. aus Niedersachsen hatte im englischen Volksmund den Spitznamen „Pudding-George". Doch wird sein Einfluss auf die englische Küche als eher gering eingeschätzt. Umgekehrt machte er womöglich den Pudding im deutschen Raum erst richtig bekannt.

Im Jahr 1864 wurde in Wien der angeblich weltweit größte Pudding hergestellt, der 630 Kilo gewogen habe und u.a. aus 300 Kilo Rosinen, 125 Kilo Zucker, 100 Kilo Mandeln, 100 Kilo Nierenfett, 50 Kilo Zitronat, 4500 Eiern, 10 Flaschen Rum bestand. „Statt der Serviette bediente man sich eines Segeltuchs, das mit 25 kg Butter gesalbt und in einen Kessel (...) eingelassen wurde (...) Das Ein- und Ausheben geschah mittels Flaschenzugs, und das Kochen dauerte fünf Tage und fünf Nächte (...)"

¼ l Milch
75 g Butter
75 g Zucker
1 Pr. Salz
100 g Mehl
½ Schale abger. Zitrone
1 TL Zimt
1 Msp Nelkenpulver
Mandeln oder Haselnüsse nach Geschmack
5-6 Eier
30 g Zitronat/Orangeat
1 EL Kirschwasser

Milch, Butter, Zucker und Salz werden zusammen siedend gemacht. Das gesiebte Mehl auf einmal hinein gestürzt und der Teig auf schwachem Feuer glatt gerührt bis er sich vom Topf löst.
Nun das Eigelb nach und nach einarbeiten, abgeriebene Zitronenschale und geriebene Mandeln ebenfalls einmischen. Nun wird in diese Masse noch 1 Kaffelöffel Zimt und das Orangeat/Zitronat sowie das Kirschwasser hinzugefügt. Jetzt den steif geschlagenen Eischnee unterheben. In eine ausgestrichene Form gefüllt und eine Stunde im Wasserbad bei guter Hitze gebacken. Pudding stürzen und mit Frucht oder Puddingsauce servieren.

Heutige Variante

250 ml Milch
100 g Zucker
4 Eier nur Eigelb
1 P Vanillezucker
7 Blatt weisse Gelatine
175 g Makronen

50 ml Rum
75 g Rosinen
30 Zitronat
Rahm
Schokoblättchen zum Bestreuen

Mich und Eigelb mit dem Zucker und Vanillezucker unter
ständigem Rühren zum Kochen bringen. Den Topf sofort von
der Kochstelle nehmen. Die Gelatine in kaltem Wasser nach
Anweisung einweichen, ausdrücken und unter Erwärmen
auflösen, dann in die Masse gießen.
Die Makronen zerbröckeln und mit Rum beträufeln. Rosinen
und Zitronat darunter mischen.
Die Creme abwechselnd mit der Makronen -Rosinen-Zitronat-
Masse in eine Glasschale füllen. Vor dem Servieren mit Rahm
und Schokoblättern verzieren.

Rezept für einen Victoria-Pudding

8 Blatt Gelatine, 100 g Biskuit, 150 g halb Sultaninen, halb
Korinthen, Schale einer und Saft von 2 Zitronen, 1/2 Flasche
Weißwein, 125 g Zucker, 10 Eidotter und 2 ganze Eier. Etwas
Maraschino.
 Gelatine in Wasser einweichen. Der Wein wird mit dem
gestoßenen Zucker, Eiern, und Zitronen unter stetem Schlagen
mit dem Schaumbesen aufgekocht, vom Feuer genommen und
die aufgelöste Gelatine nebst dem Eiweißschaum gut
durchgerührt. Dann füllt man in die mit
Butter ausgestrichene Form die Hälfte der Creme, legt die
Biskuits, in Maraschino getunkt, darüber hin, streut die
Rosinen und Korinthen darauf, bedeckt mit der übrigen
Creme. An einen kalten Ort stellen. Umgestürzt servieren.

Blanc manger

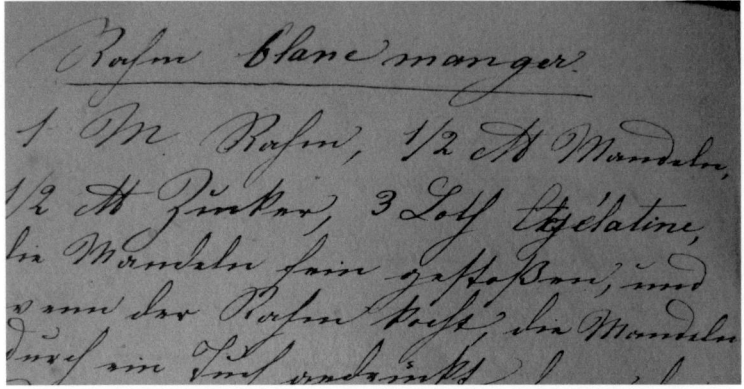

Blanc manger ist ein sehr altes Gericht, das man auch
Mandelsulz nennt. Es war bereits im Mittelalter bekannt und
wurde ausschliesslich aus weissen Zutaten hergestellt.
Blancmanger war die Hauptspeise im Mittelalter, da Mandeln
überall zu ernten waren. Nicht immer süß, sondern diese
Speise wurde mit Brühe und Gewürzen in herzhaften
Varianten hergestellt
Rezepte sind seit dem 14. Jahrhundert aus verschiedenen
europäischen Ländern überliefert. Eine wichtige Zutat ist
Mandelmilch, eine weitere ist Gelatine. Die Herkunft ist
unsicher. Manche Historiker vermuten einen Zusammenhang
mit der Arabischen Küche, da diese ein Gericht „weisses
Essen" kennt.

Die **neuzeitliche Variante** ist eine Süßspeise, die nach wie
vor in mehreren Ländern bekannt und verbreitet ist. Als
fleischlose Variante war Blanc Manger früher eine bekannte
Fastenspeise.

Ich erinnere mich, dass meine Oma manchmal ein Gericht machte, das sie „Blamasch" nannte (Meine Oma sprach kein Französisch). Sie rührte einfach Mehl, Milch und Eigelb zu einem Teig. Die Masse gab sie in eine Auflaufform, schlug das Eiweiss der Eier zu Schnee und gab dies über die Masse. Der Schnee wurde dann mit einem Gemisch aus grob gehackten Mandeln und Zucker bestreut und im Ofen gebacken. Das war wohl eine sehr einfache Abwandlung eines „Blanc manger" und Mengenangaben hab ich hierzu nie gehabt, da meine Oma diese Sachen einfach so „aus der Hand" machte aber die Namensgleichheit ist für mich auffällig. In Basler Haushalten wurde Blanc-Manger sehr häufig mit Zimt oder Vanille gewürzt.

Blanc manger „moderner Art"
65 g Zucker
250 ml Rahm
1 EL Vanillezucker
1 Tasse Mandeln
10 Blatt Gelatine
1 Stange Zimt
1 Zitrone, die Schale
75 g gemahlene Mandeln
30 g abgezogene Mandeln

Gelatine nach Vorschrift zubereiten
Mandeln, Rahm, Zucker, Zitronenschale, Zimtstange und Vanillezucker hineingeben. Alles mischen und bei kleiner Hitze zum Kochen bringen. Die Zitronenschale und die Zimtstange nun entfernen. Die Gelatine einrühren. Vom Herd nehmen und etwas abkühlen lassen. Etwas auskühlen lassen. In Puddingförmchen (oder in eine gosse Form) geben. Einige Stunden in den Kühlschrank stellen. Vor dem Servieren mit gebr. Mandeln und gehobelter Schokolade garnieren.

Brotpudding, geriebener

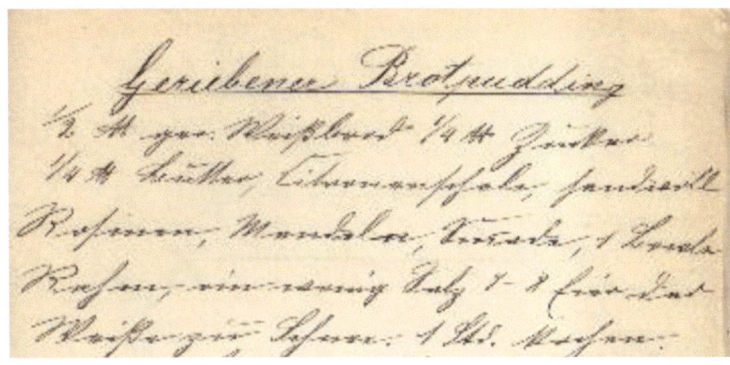

Transkription Geriebener Brotpudding

½ Pfund geriebenes Weißbrot, ¼ Pfund Zucker, ¼ Pfund Butter, Zitronenschale, handvoll Rosinen, Mandeln, Sukkade, 1 Bowle Rahm, ein wenig Salz, 7-8 Eier, das Weiße zu Schnee. 1 Std. kochen.

Brotpudding

Transskription

Man schneidet 125 g Hausbrot in Stücke, dörrt sie im Ofen, stößt sie fein und feuchtet das Gebrösel in 2 Esslöffel Arrak ½ Glas voll Rotwein an. 5 Eigelb mit 125 g Zucker recht schaumig gerührt, 20 g abgezogene, grobgereinigte Pistazien, Zitronenschale, Zimt, 20g Pomeranzen-schale, 20 g Zitronat, 1 Täfelchen geriebene Schokolade, 100 g feingereinigte Mandeln dazu geben, dann gibt man noch 60 g zerlassene Butter und das Brot, zuletzt den Schnee der Eier dazu. Eine mit Butter ausgestrichene und ausgebröselte Puddingform wird mit der Masse ausgefüllt und lässt man sie 1 Stunde im Wasser kochen. Dazu gibt man Weichsel- *(Kirsch)* oder
Rotweinsauce.

Heutige Variante

Eine Variante, die meine Mutter „*Herrenpudding*" nannte (mit Whisky) mochte mein Vater besonders gerne:

200 g Baguette vom Vortag
400 ml Milch
2 Eier
150 g Zucker
1 Vanilleschote
100 g Sultaninen
Für die Sauce
75 g Zucker
6-7 EL Whisky
1 Ei
75 g Butter

Das Baguette wird in kleine Stücke gezupft und in eine Schüssel gegeben, mit der Milch übergossen. Das ganze lässt man etwa 10 Minuten quellen. Die Eier zu einer Creme schlagen, das Mark der Vanilleschote auskratzen und zur Creme hinzufügen.

Die Eiercreme zum Brot geben, gut verrühren und in eine grosse Form oder mehrere kleine, eingebutterte Förmchen füllen und glatt streichen. Im Wasserbad bei 180 Grad im Ofen backen.

Whiskysauce: Die Butter im Wasserbad schmelzen lassen, den Zucker und das Ei zugeben und unter ständigem Rühren andicken lassen, nach und nach den Whisky zugeben. Vom Wasserbad nehmen und abkühlen lassen. Warm servieren.

Caramelcreme

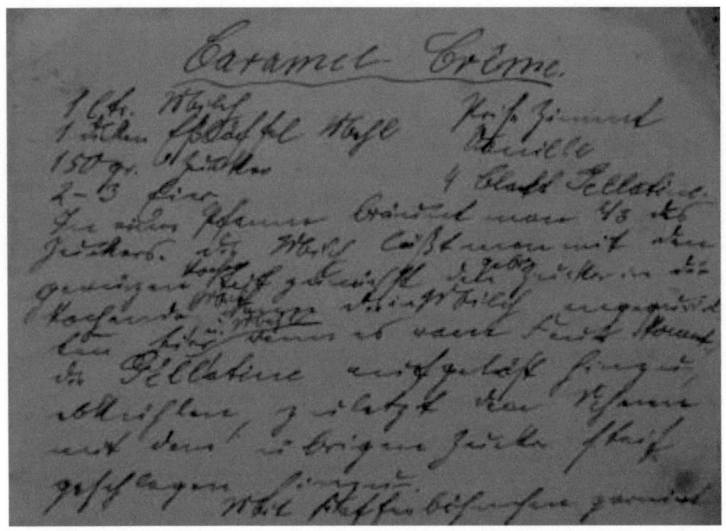

Transkription

1 L Milch,1 dicken Esslöffel Mehl, 150g Zucker, 2-3 Eier, Prise Zimt, Vanille, 4 Blatt Gelatine. In einer Pfanne bräunt man 2/3

des Zuckers. Die Milch lässt man mit den Gewürzen kochen. Die in Milch eingequirlten Eier und das Mehl dazu. Dann den gebräunten Zucker in die kochende Masse. Wenn sie vom Feuer kommt, die Gelatine aufgelöst hinzu, abkühlen, zuletzt den Schnee mit dem übrigen Zucker steif geschlagen hinzu. Mit Kaffeeböhnchen garnieren.

Caramelköpfli

100 g Zucker, 6 Eier, 2 Löffel Wasser, 1 Prise Salz, 75 g Zucker, 5 dl Milch

Zucker und Wasser auf grosser Flamme hellbraun rösten. Wird die Masse zu dickflüssig, dann muss sie ganz langsam nach und nach mit einigen Löffeln kaltem Wasser verdünnt werden. Hierauf den Sirup in die Puddingform giessen, rasch überall herumfliessen lassen, bis die Form ganz damit überzogen ist. Inzwischen die Eier mit Salz und Zucker gut verklopfen, dann die Milch zugeben und die Creme bis zu 2/3 Höhe in die Form einfüllen. Das Köpfchen im Wasserbad 1 - 1 1/2 Stunden kochen. Nachher sorgfältig stürzen.

Ich habe immer noch diesen tollen Karamellgeruch in der Nase, wenn wir uns als Kinder in Mutters Küche selber Karamellbonbons aus Zucker und Butter machen durften. Genauso riecht es bei der Herstellung der Caramelköpfli. Der sogenannte „Creme Caramel" wird in einem mit Karamell ausgegossenem Förmchen zubereitet. Nach dem Stürzen der Creme bedeckt dann das flüssige Karamell die süsse Creme. Sie werden heute zu den klassischen französischen Desserts gezählt, sind aber auch in zahlreichen anderen nationalen Küchen beheimatet. In der spanischen Küche nennt man sie „Flan"

Heute ist die zeitaufwendige Herstellung ersetzt durch die
Möglichkeit, fertige Caramelköpfli zu erwerben, oder sie aus
einer fertigen Mischung herzustellen.

Wer die Arbeit auf sich nehmen möchte, **hier das Rezept:**

150 g Zucker
½ dl Wasser
1 Vanilleschote
250 ml Rahm
250 ml Milch
Zitronensaft
4 Eier
2 Eigelb
100 g Zucker

Die 150 g Zucker mit 5 Esslöffel Wasser bei mittlerer Hitze
kochen lassen, bis ein hellbrauner Karamell entsteht. Kleine
Portionsschälchen damit ausgießen. Das kann auch am Vortag
vorbereitet werden.
Die Vanilleschote aufschlitzen, Mark herauskratzen und samt der
Schote, Rahm und Milch in einem Topf einmal aufkochen.
In einer Schüssel die Eier mit Eigelb und 100 g Zucker
verrühren, (nicht schaumig schlagen!)
Die heiße Vanillemilch zugiessen und dabei dauernd
weiterrühren. Die Cremeflüssigkeit durch ein Sieb gießen und
vorsichtig in die vorbereiteten Karamellschälchen bis knapp
unter den Rand füllen.
Den Backofen mit einem Wasserbad auf 160° vorheizen. Die
Förmchen in das Wasserbad stellen und etwa 40 min. bei 100
Grad garen. Nicht heisser! Die Caramellköpfli sind gar, wenn sie

auf Fingerdruck nur noch wenig nachgeben.
Die fertige Creme aus dem Wasserbad heben, auskühlen lassen.
Dann kann sie problemlos gestürzt werden. Auskühlen lassen
und 1-2 Stunden kühl stellen

Charlotte Russe

Transkript

¼ Pfund von den kleinen Bisquits wird in eine tiefe Platte geschichtet und eingemachte Früchte (tutti frutti oder dergl.) darunter gemengt. Dann wird von 1 Schoppen Rahm, 7-8 Eigelb, Vanille, Zitronenschale, ¼ Pfund Zucker eine Creme gekocht, erkaltet über die Bisquits gegossen und diese mindestens 1 Stunde lang damit durchwirkt. Von den Eiweißen schlägt man Schnee, schichtet ihn bergartig über die Bisquits, besteckt ihn mit flechtartig geschnittenen Mandeln, bestreut mit Zucker und stellt die Platte 7 Minuten ins Rohr, bis sie eine goldgelbe Farbe hat. Dann lässt man die Speise erkalten.

Ein weiteres der alten Rezepte macht es sich etwas „einfacher“:

Transkript

Charlotte russe Ist ein Vanillecreme, nur statt Eiweiß ½ l Schlagsahne zu Schnee unter den Creme ziehen. Die Formen werden mit Bisquits ausgelegt und kommen auch einige Bisquits unter die Masse, welche man mit Maraschino getränkt hat.

Heutige Version (für die Microwelle)

2 Eier sowie 2 Eigelb
0,4 l Milch
150 g Bitterschokolade
6 Blatt weiße Gelatine
75 g Zucker
250 ml Rahm

Die Gelatine in etwas Wasser einweichen, Milch aufkochen, die Schokolade mit 3 Esslöffel Wasser (oder Kaffee) in der Mikrowelle bei ca. 300 Watt etwa 90 Sekunden erhitzen und zu einer Soße verrühren. Eier mit Zucker und einem Viertel der Milch im Wasserbad ca. 3-5 Minuten schaumig schlagen. Unter Rühren die aufgelöste Schokolade hinzugeben. Gelatineausdrücken und in der restlichen Milch auflösen, restliche Milch langsam unter die geschlagene Ei-Masse rühren, Rahm steif schlagen und unter die Ei-Masse heben und vorsichtig mit dem Löffel verrühren.
Creme in eine Form oder kleine Dessertschalen schütten und gut 2 Stunden kalt stellen.

Cremeschnitten

Transkript
4 Eier, ¼ Pfund Zucker schaumig schlagen mit Schneebesen. Mit ¼ Pfund Mehl nochmals schlagen, die ganze Masse auf gut gefettetem Blech abbacken, noch heiß in Schnitten schneiden, mit Creme aufeinander heben, obenauf noch mal Creme, mit Kirschen garnieren. Die Menge gibt etwa 18 Stücke, dürfen nicht lange durchgemengt stehen.

Meine Mutter stellte Cremeschnitten noch sehr aufwendig aus selber hergestelltem Butterteig her.

> 275 g Butter
> 1 Ei
> 1 Eigelb
> etwas Weisswein
> 28 0 g Mehl
> Messerspitze Backpulver
> Saft einer halben Zitrone
> 1 Pr. Salz

Butter mit einem Drittel des Mehls einen Teig kneten und kühl stellen. Das restliche Mehl mit Backpulver und allen anderen Zutaten zu einem weichen Teig (Strudelteig) kneten. Sehr gut kneten bis er Blasen wirft und dann zugedeckt ruhen lassen. Jetzt diesen Teig auswallen und den anderen Teig darin einschlagen, durchklopfen und alles dreimal wiederholen. Dann auswallen und auf einem Ofenblech backen. Teig in zwei Hälften teilen, mit Creme füllen, zusammensetzen und in Schnitten schneiden.

Herstellung der Creme

> 50 g Butter
> 150 g Zucker
> 1 Eigelb
> Schnee von 2 Eiweiss
> ¼ L Milch
> 1 Pk Puddingpulver (Vanille)

Butter einrühren und auskühlen lassen. Dann Eigelb und Eischnee unterziehen. Puddingpulver nach Anweisung zubereiten, vom Feuer nehmen.

Heutige Version (einfacher, dank fertigem Blätterteig)

1 P Blätterteig, Fertigprodukt
250 ml Milch
1 Pr Salz
60 g Zucker
1 P Vanillezucker
1 Pr.Salz
1 Eigelb
1 P Puddingpulver Vanille
8-10 Blatt Gelatine
6 TL Puderzucker
3 EL Rum
750 ml Rahm

Backofen auf 200 Grad vorheizen. Blätterteig in der Mitte
teilen, die Teigplatten mit einer Gabel einige Male einstechen
und im vorgeheizten Backofen hellbraun backen.
Die Milch bis auf einige Esslöffel in einen Topf geben, mit
Kristall- und Vanillezucker sowie einer Prise Salz aufkochen.
Puddingpulver mit restlicher Milch und dem Eigelb verrühren.
In die heiße Milch rühren und zu einem Pudding kochen. In
eine Schüssel füllen, mit Puderzucker bestreuen und
zugedeckt auskühlen lassen. Eine Blätterteighälfte mit Glasur
bestreichen, fest werden lassen und mit einem Teigroller die
Platte in etwa 10 gleiche Stücke teilen. Aber nebeneinander
liegen lassen.
Gelatine nach Anweisung in etwas kaltem Wasser einweichen,
Rahm steif schlagen. Den Pudding mit Staubzucker und Rum
mit einem Pürierstab pürieren. Gelatine in etwas Flüssigkeit
auflösen und unter die Puddingcreme rühren, diese dann nach
und nach unter den steif geschlagenen Rahm heben.
Die zweite Teigplatte mit der Creme füllen und auf die in
Stücke geschnittenen Blätterteigstückchen belegen. Besser
geht es mit einem eckigen Tortenrand. Im Kühlschrank einige

Stunden fest werden lassen. Erst vor dem endgültigen
Servieren portionieren.

Götterspeise

Transskript Götterspeise (um 1900)
Weißbrot, Zwieback oder Kuchenreste werden in süßer Eiermilch
mit Vanillezucker eingeweicht. Dann gibt man dies in eine Form
und lässt die Masse anbacken. Man streicht eine Lage Kompott
darüber und zuletzt einen Schneeguss. (Schnee mit Zucker
geschlagen). Bei mäßiger Hitze lässt man den Schnee hellgelb
werden.

Eine Schweizer Götterspeise und eine deutsche Götterspeise
sind völlig unterschiedliche Desserts.
Die Schweizer Götterspeise besteht aus Einback-Brot (oder
auch Löffelbiskuits, Makronen oder Zwieback), Vanille-
creme, Fruchtkompott (meist Apfelmus, Rhabarber oder
Beeren) und Schlagrahm. Einback und Kompott werden in
Schichten in eine Schüssel gefüllt, mit der kalten Crème
und/oder dem Rahm übergossen und anschließend mehrere
Stunden kalt gestellt.
In Deutschland versteht man darunter eine Süßspeise aus
Gelatine Zucker, Aroma- und Farbstoffen. Weitere
Bezeichnungen sind unter anderem Wackelpudding oder
Wackelpeter. Manche nennen die grüne Variante auch
Froschsülze. Götterspeise wird hergestellt, indem gekochter
Fruchtsaft mit Gelatinepulver versetzt wird. Natürlich gibt es
handelsübliche Pulvermischungen, die lediglich noch in
gekochtes Zuckerwasser eingerührt werden müssen. Danach
wirddie Masse kalt gestellt. Gegessen wird Götterspeise in
Deutschland meist mit Schlagrahm oder Vanillesauce.

Die schweizer „Götterspys"

1 Einback-Brot
1 Glas Apfelmus
Für die Vanille Creme
1 Liter Milch
150 g Zucker
6-8 Eier getrennt
1 EL Maispulver
1 Stange Vanille

Das Brot in Scheiben schneiden (1,5 cm) und toasten. Die Creme zubereiten, indem man Milch, Zucker und eine halbe Stange Vanille aufkocht. Maispulver mit den Eigelben verrühren und zur Vanillemilch hinzufügen. Die Masse vom Feuer nehmen und weiterrühren, bis sie schaumig ist. Vanillestange entfernen. In einer Schüssel abwechselnd Brotscheiben, Apfelmus und Creme einschichten. Kalt stellen

Griesspudding

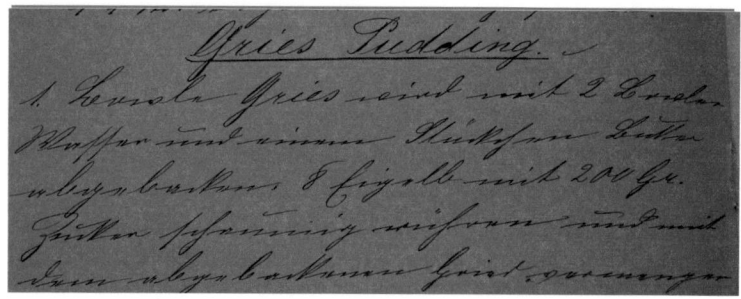

Transkript Grieß Pudding

1 Bowle Grieß wird mit 2 Becher Wasser und einem Stückchen Butter abgebacken. 8 Eigelb mit 200 g Zucker schaumig rühren

und mit dem abgebackenen Gries vermengen. Zitrone oder Vanille-Geschmack dazu, dann den Schnee. Gibt 3 Formen.

Haff

Transkription

Haff
2/10 Pfund Butter, ¼ Pfund Zucker, Saft und Schale einer halben Zitrone, 1-2 Eierschnee, ½ Pfund Haferflocken

Das kurische Haff, gehörte zu Ostpreußen. Memel war die nördlichste Stadt des Deutschen Reiches. Die Rote Armee eroberte das Gebiet 1945 in der Ostpreußischen Operation. Bereits mehrere Monate vor der Potsdamer Konferenz wurde es durch eine Verfassungsnovelle in die Sowjetunion integriert.

Haff, eine ostpreußische Zitronenspeise aus dem kurischen Haff:

125 g Zucker
5 Eier, getrennt
2 Zitronen, Saft und Schale

10 g Gelatine
10 EL Weisswein
Rahm und Schokoraspeln

Die Eier trennen. Die Gelatine in Wasser einweichen. Danach den Wein mit 2 EL Zucker erhitzen. Vom Feuer nehmen, Gelatine vorsichtig einrühren bis sie aufgelöst ist. Die Eigelbe mit dem Rest Zucker, Zitronensaft und Zitronenabrieb warm zu einer cremigen Masse aufschlagen.
Anschließend die aufgelöste Gelatine unterschlagen. Die Masse abkühlen lassen. Ab und zu rühren. Zwischendurch die Eiweiße steif schlagen. Wenn die Eiermasse leicht zu gelieren beginnt, den Eischnee unterheben. Die Creme in Gläser füllen. Man kann den Wein auch durch Wasser ersetzen, wenn man mag. Mit geschlagenem Rahm und Schokoraspeln bestreut servieren.

Nesselrode Pudding

Dieser Pudding verdankt seinen Namen dem russischen Staatsmann Karl Robert von Nesselrode (1780-1862), dessen Vorfahren aus dem Bergischen Land stammten, daher der deutsche Name.

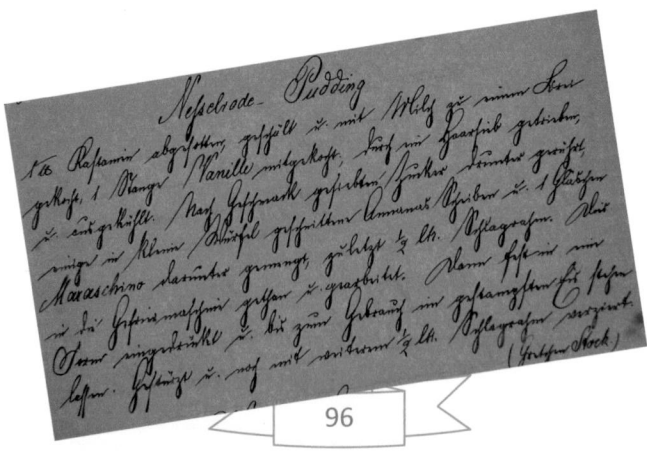

Nesselrode war Diplomat im Dienst des Zaren. Beim Wiener Kongress 1814/15 leitete er die russische Delegation, kurz darauf erhielt er den Posten des Außenministers. Offenbar hatte er auch den Ruf, ein Feinschmecker zu sein, denn noch zu seinen Lebzeiten wurden mehrere Gerichte nach ihm benannt, die alle mit Kastanien zubereitet wurden. Mit Abstand am bekanntesten war der Pudding. Manche schreiben die Erfindung dieses Desserts auch dem französischen Spitzenkoch Antoine Carême zu, der im Jahr 1817 der Leibkoch von Zar Alexander I. in St. Petersburg war.

„Gefrorener Pudding" war im 19. Jahrhundert groß in Mode, obwohl die Herstellung damals sehr aufwändig war. Es gibt viele Rezepte, aber außer Kastanienpüree waren Rosinen und Rum oder Marasquino immer obligatorisch.

Marie Schandri's berühmtes Regensburger Kochbuch, aus dem Jahre 1914 führt folgende Zutaten auf: 1 Kilo Kastanien, 1,5 Liter Schlagsahne, 560 g Zucker, 280 g Rosinen, 70 g Zitronat, ½ Vanilleschote, 6 Eigelb, 2 Weingläser Marasquino, 280 g kandierte Kirschen, 280 g Aprikosenmarmelade

Heutige „einfachere" Variante

250 g Maroni (oder Fertigprodukt)
1/2 Vanilleschote
1/4 l Milch
6 Blatt Gelatine
250 g + 500 g Schlagrahm
6 Eigelb
250 g Zucker
125 g Sultaninen
50 g Korinthen
n.B 2 EL Maraschino-Likör

50 g Zitronat

Maroni kreuzweise einritzen. Im heißen Ofen bei 200 °C ca. 35 Minuten rösten. Schalen und Haut entfernen.
Maroni, die aufgeschlitzte Vanilleschote in Milch ca. 30 Minuten garen. Schote entnehmen, Vanillemark herauskratzen, und zur Milch und den Maroni geben und fein pürieren. Abkühlen lassen, Gelatine in Wasser einweichen. Zuerst die 250 g Rahm, Eigelb und Zucker im heissen Wasserbad schaumig schlagen. Gelatineblätter ausdrücken (wenig von der Masse zufügen damit der Temperaturunterschied nicht zu gross ist) und Gelatine in der Schaummasse auflösen. Dann die Creme im kalten Wasserbad schlagen. Maronimus nach und nach unterschlagen. Creme rühren, bis sie völlig erkaltet ist. Erst dann die gewaschenen Sultaninen und Korinthen mit Maraschino und gehacktem Zitronat unter die Creme heben. Jetzt die 500 g Rahm steif schlagen, und unterheben. Creme in eine Glasschüssel füllen und im Kühlschrank fest werden lassen.

Punsch Romaine

Punsch romain: sehr gut!
1/4 l Schlagobers sehr steif schlagen, 1 Päckchen Vanille-zucker, 2 Dotter, 4 Eßlöffel Staubzucker und 2 Eßlöffel Rum hineinrühren.
Löffelbiskuits (ich glaub so heißt das bei Euch, hier sagen wir einfach Biskoten) ca. 32-36 Stück, mit Himbeermarmelade aneinanderkleben (paarweise) und in eine Schüssel legen u. mitRum befeuchten. DanndieCreme darüber gießen und einige Stunden stehen lassen.

Hinter diesem Rezept hatte die Besitzerin in der rechten Ecke „sehr gut!! notiert. Und es stimmt auch! Aber es ist kein Mischgetränk darunter zu verstehen, sondern eher ein Pudding mit Löffelbiskuits.

Übrigens wurde auf der Titanic als Sechster Gang - Sorbet Punch Romaine serviert.

Ein aktuelles Punsch Romaine Rezept. Diesmal zum Trinken!

Punsch:
1/4 L Rotwein
1 Orange und eine 1 Zitrone
1/2 Stange Zimt
Nelken
2 cl Cointreau
1 EL Honig
Zuckerrand:
0,1 L Wasser
4 EL Puderzucker
Kristallzucker
Dazu noch
Zitronensorbet, Champagner und etwas Zitronenmelisse
Für den Punsch von den Orangen und den Zitronen die Schale abreiben und den Saft auspressen. Rotwein, Orangen- und Zitronensaft mit dem Zimt und den Nelken aufkochen und von der Kochstelle nehmen.
Honig und Cointreau zugeben, abseihen und kühl stellen.
In der Zwischenzeit Puderzucker mit dem Wasser aufkochen und ebenfalls abkühlen lassen. Den Rand einer

Champagnerschale darin etwas eintauchen und dann sofort in
Kristallzucker stellen. Es entsteht ein Zuckerrand am Glas.
je eine Kugel Zitronensorbet in die Champagnerschalen
geben und den kalten Punsch darüber giessen. Kurz vor dem
Servieren mit Champagner aufgießen und mit einigen
Blättchen Zitronenmelisse garnieren

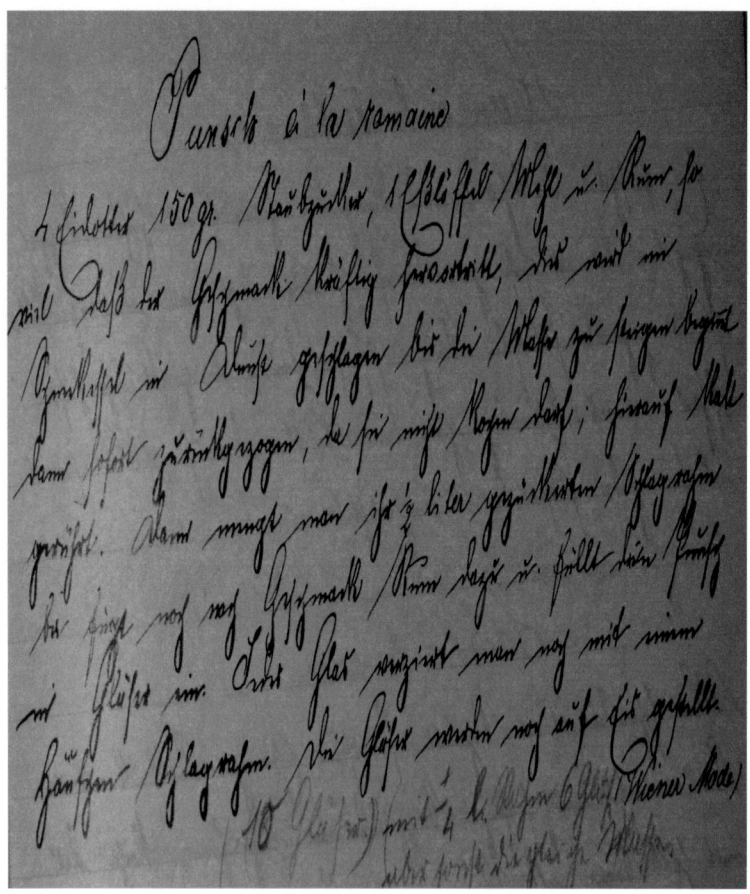

Tutti Frutti

Transskiption

Zu Tutti frutti kann man alle feinen Obstsorten verwenden, ausgenommen Apfel und Zwetschgen. Aprikosen, Pfirsich, Reineclauden, Birnen müssen geschält und von den Rinden befreit, in passende Schnitze geschnitten werden, alles Obst muss tadellos und gut gereift, jedoch nicht überreif sein. Das Angesetzte muss man in einem undurchsichtigen Gefäß und an einem dunklen Ort aufbewahren. Auf je ½ Pfund Obstsorte rechnet man das gleiche Gewicht von feingesiebtem Zucker und setzt mit ½ l gutem Arrak an.

Tutti Frutti ist ein Klassiker der Rock-'n'-Roll-Ära, der im Original von Little Richard aus dem Jahre 1955 stammt. Die erste etwas zweideutige Strophe lautete:

I got a girl, named Sue
She knows just what do to.
She rocks to the east, she rocks to the west
But she's the girl that I love best.
Tutti Frutti, all over rootie,......
A-wop-bop-a-loo-lop a-lop bam boo

Der Song belegt übrigens auf der vom Musikmagazin Rolling Stone veröffentlichten Liste der 500 besten Songs aller Zeiten, den Platz Nr. 43.

Rezept heute:

500 ml Milch
1 P Puddingpulver mit Mandelgeschmack
10-12 Kekse
1 Becher Rahm
3 EL Zucker (nach Geschmack)
2 EL Rum
500 g gemischtes Obst (Äpfel, Birnen,

Zwetschgen, Kirschen oder auch Kiwis,
Erdbeeren, Bananen, Ananas etc., oder
einen Fruchtcocktail aus der Dose)

Mit der Milch einen Pudding nach Anweisung kochen
und abkühlen lassen. Schlagrahm mit Vanillezucker steif
schlagen und unter den kalten Pudding heben. Obst
waschen, putzen und in mundgerechte Stücke schneiden.
Den Pudding durchschlagen und das vorbereitete Obst in
einer Glasschüssel schichten (einige Stücke zurück
behalten zur Verzierung), mit den Keksen belegen und
mit dem Rum beträufeln. Die Puddingmasse
gleichmässig darüberstreichen und mit Früchten,
Mandelblättern, oder gehackte Pistazien verzieren.

Aufläufe und Flammerie

Flammerie Erklärung

Heute werden die Bezeichnungen Pudding und Flammeri oft synonym verwendet, in der Küchensprache und früher auch in der Umgangssprache wurde aber zwischen beiden unterschieden:

Flammeri: eine kalte Süßspeise.

Pudding: Kann auch herzhaft sein (Fleisch- oder Fisch-Pudding).

Pudding wurde ursprünglich mit Eigelb gebunden), Flammeri dagegen mit Gelatine oder durch stärkehaltige Lebensmittel.

Flammeri wird gekocht, Pudding nicht zwangsläufig, kann auch gebacken werden.

Äpfel

Rezepte mit Äpfeln findet man seitenweise in alten
Handschriften. Sie werden als Bratäpfel, im Schlafrock, als
gefüllte Äpfel, Apfelaufläufe oder auch als Apfelküchlein
aufgeführt.
Ich kann mich noch zurückerinnern, dass mich meine Mutter
nur mit grösster Mühe dazu bringen konnte einen Apfel zu
essen. Was ich aber mochte, war ihr Apfelschnee. Das
Apfelmus meiner Mutter wurde von ihr aus den sauren Äpfeln
zu Püree gekocht.

Apfelschnee

250 g Apfelmus
3 Eiweiss
50 Gramm Zucker

2 Esslöffel Zitronensaft
2 Blatt Gelatine
Die Gelatine in dem Zitronensaft auflösen und gut unter das
Apfelmus rühren und dann den
Zucker einrühren. Am Schluss den Eischnee der drei Eiweiss
vorsichtig unterheben.

Hier eine verfeinerte Version der **heutigen Küche**:

1 Kg Äpfel plus 2 zusätzliche
Äpfel
4 - 5 EL Zucker
1 P Vanillezucker
2 ganze Nelken
1 Msp Zimt
300 ml Weißwein
100 ml Apfelsaft
2 EL Butter
1 EL Zucker
3 - 4 EL Orangenlikör (oder
Cognac)
3 - 4 EL Preiselbeerkonfiture
200 g Rahm

Die Äpfel schälen und in Stücke schneiden.
Den Weisswein mit dem Apfelsaft, Zucker, Vanillezucker,
Nelken und Zimt in einem Topf
aufkochen. Die Temperatur zurück stellen und für etwa 10-12
Minuten köcheln lassen.
Die Apfelstücke zugeben, nochmals zum Kochen bringen und
ca. 5 Minuten weich köcheln.
Den Topf beiseite stellen, durch ein Sieb giessen, den Saft
auffangen und beiseite stellen.
Die warmen Apfelstücke pürieren. Nach Geschmack mit Zimt
würzen und dann kalt stellen.

Den Rahm steif schlagen und unter das erkaltete Apfelpüree heben.
Je eine Portion Apfelschnee in Dessertschalen geben.
Die zwei zusätzlichen Äpfel (mit Schale) in Spalten schneiden und kurz in einer Bratpfanne mit Butter beidseitig anbraten. Mit Zucker bestreuen, die Preiselbeeren zugeben, vorsichtig mischen und mit dem Orangenlikör ablöschen. Die Apfelschnitze um den Apfelschnee herum dekorieren und noch warm servieren.

Bratäpfel

Bratäpfel gelingen nur mit den richtigen Sorten gut, sagte meine Mutter. Am besten eignen sich säuerliche Äpfel, wie der bekannte und beliebte Boskop oder ein Gravensteiner. Am Nikolaustag sollen Bratäpfel an die Großzügigkeit des Heiligen Nikolaus erinnern und die Geldbeutel und Goldklumpen symbolisieren, die der Bischof an arme Leute verschenkte.
Früher gehörten am Nikolausabend Bratäpfel unbedingt in jede Stube!
Bratäpfel werden gerne mit Romantik, Märchen, Schneetreiben und Winterzauber in Verbindung gebracht - und auf der anderen Seite umso seltener zubereitet. Der Grund: Die
meisten Äpfelliebhaber glauben, für einen Bratapfel bedarf es eines echten Ofens. Das ist ein Irrtum. Die heißen Früchte lassen sich nicht nur im normalen Elektroherd, sondern sogar in der Mikrowelle zubereiten.

Die Kochlehrerinnen des Gas- und Wasserwerks Basel empfehlen dem Hauspersonal des Bürgerspitals Basel in einem Kurs für das im Jahre 1946 folgendes:

Gebratene gefüllte Äpfel

4 Äpfel
2 EL Konfitüre
1 EL Haselnüsse
1 EL Zucker
20 g Butter
1EL Zitronensaft
1 dl Wasser
Herstellung
Äpfel werden geschält und vom Kerngehäuse befreit und
ausgehöhlt.. In die Öffnung gibt man Konfitüre und
Haselnüsse, bestreut sie mit Zucker, gibt ein Stückchen Butter
darauf, und stellt sie in eine gebutterte Auflaufform. Wasser
und Zitronensaft zufügen und im vorgeheizten Ofen etwa 30
Minuten backen.
Quelle: Kochlehrerinnen des Gas- und Wasserwerks Basel,
1946

Bei meiner Mutter gehörte zu „Bratäpfeln" generell Marzipan
und Mandeln und zu Weihnachten dann noch etwas Zimt.

Gefüllte Bratäpfel „Mama"

6-8 Äpfel (säuerliche)
60 g Butter
200 g Marzipanrohmasse
200 g Konfitüre (z.B. Aprikosen)
75 g Mandeln (grob gehackt)
25 g Rosinen
3 EL Rahm
1 TL Zitronenschale, gerieben

Backofen auf 180 Grad vorheizen.

Kerngehäuse der Äpfel entfernen und eine Seite (jene des Stielansatzes) mit etwas Marzipan verschliessen. Die Äpfel mit der verschlossenen Seite in eine feuerfeste Form setzen. Konfitüre mit den Mandeln, Rosinen, dem Rahm und der Zitronenschale vermischen und in die Äpfel füllen. Einige Flöckchen Butter darauf geben und ca. 20-30 Minuten backen. Dazu gab es immer Vanillesauce:
Man kann dem Ganzen auch eine sehr aromatische Note geben, indem man den Rahm durch einen Schuss Calvados ergänzt (dann den Zimt weglassen).
Für die Vanillesauce 400 Milliliter Milch in einem Topf zum Kochen bringen, den Zucker in den Topf geben. Das Vanillepuddingpulver in einem zweiten Gefäss mit der restlichen Milch verrühren. Wenn die Milch kocht, dieses angerührte Puddingpulver in die Milch einrühren und alles nochmals kurz aufkochen lassen. Die Vanillesauce in ein geeignetes Gefäß füllen.

Äpfel im Schlafrock

Vom Prinzip her handelt es sich um geschälte Äpfel, die ausgehölt und mit einer Fülle gefüllt werden. Früher verwendete man hierzu hauptsächlich Mandeln und Zucker.

Apfel im Schlafrock schmeckt ofenwarm am besten. Man kann Apfel im Schlafrock entweder als Dessert servieren oder statt Kuchen zum Kaffee reichen. Wenn „Apfel im Schlafrock" für Kinder zubereitet wird, den Alkohol weglassen und die Korinthen in Orangensaft oder Apfelsaft einweichen. Am besten schmeckt Apfel in Schlafrock mit einer säuerlichen Apfelsorte.

200 g Mehl
50 g Butter
1 Msp Backpulver
1 P Salz
½ Tasse Wasser
4 Äpfel
1 El Zucker
1 EL Butter Eigelb zum Bestreichen

Aus Mehl, Butter, 1 Messerspitze Backpulver, Salz und Wasser einen geriebenen Teig herstellen. Den Teig sehr dünn auswallen und in Dreiecke von ca. 10 cm Seitenlänge schneiden. Die Äpfel schälen, halbieren, das Kerngehäuse entfernen und in die entstandene Öffnung etwas Zucker und ein Stückchen Butter füllen.
Den halben, gefüllten Apfel (mit der Schnittfläche nach unten) auf die Teigdreiecke legen, die Zipfel nach oben schlagen, etwas ankleben und den Teig mit Eigelb bestreichen. Bei mittlerer Hitze etwa 30 Minuten backen.
Manchmal wurde die Fülle mit Konfitüre oder mit zerstossenen Mandeln und Zucker gefüllt. Diese Art bezeichnete man teilweise als „Portugiesische Äpfel „.
In meiner Erinnerung habe ich im Zusammenhang mit gefüllten Äpfeln immer den Geruch von Zimt in der Nase.

Ich bereite die gefüllten Äpfel **heute** immer noch auf folgende Art:

6 grosse Äpfel
75 g Baumnüsse (ersatzweise
Haselnüsse)
30 g Butter
1 EL Zucker
3 EL Rosinen
1 Msp Zimt
Blätterteig (Fertigware aus dem Kühlfach)
2 Eier
4 EL Konfitüre, säuerlich
Puderzucker

Backofen auf 200 Grad vorheizen.
Die Äpfel schälen und die Kerngehäuse ausstechen. Wasser
mit Zucker aufkochen lassen. Die Äpfel hineingeben und ca.
6-10 Minuten köcheln. Den Topf von der Platte nehmen, die
Äpfel noch etwas ziehen lassen.
Rosinen einige Zeit in Wasser oder Rum einweichen. Die
weiche Butter mit dem Zucker, den Rosinen und den Nüssen
mischen. Den Zimt zugeben. Die Äpfel schälen, das
Kerngehäuse ausstechen und die Mischung in die entstandene
Öffnung der Äpfel geben.
Aus dem aufgetauten Blätterteig 6-8 Quadrate ausrädeln. Die
Äpfel auf diese Teigquadrate setzen und die Ränder mit
Eiweiß bestreichen. Die Quadrate über den Äpfeln zur Mitte
hin zusammenklappen und die Ecken fest zusammen drücken.
Oben darauf ein kleines rundes Blätterteigstück legen und
dieses ebenfalls mit Eigelb bestreichen. Die Teigäpfel mit dem
verquirlten Eigelb bepinseln. Im vorgeheizten Backofen etwa
30 Minuten backen.
Dazu serviere ich Vanillesauce unter die ich etwas Rum
mische. Die heiße Vanillesauce als Spiegel auf Kuchenteller
gießen und jeweils einen Apfel im Schlafrock auf die
Vanillesauce setzen. Rosinen und einige Nüsse über die
Vanillesauce verteilen.

Apfelmännlein

Man röstet grobes Schwarzbrot in ... Menge; schält gute Äpfel u. schneidet sie in kleine Schnitze, dünstet sie mit etwas ... Zucker, Rosinen u. Zitronen darunter. Dann steckt man lagenweise in ... Form mit dem Brot u. den Äpfeln an, so daß etwas Anfang u. Schluß macht, schneidet noch in gar ... oben ... u. backt es so daß sie leicht ...

<u>Apfelküchli:</u> 120 gr. Mehl, 1 ½ Esslöffel.
Butter, 1 Messerspitze Salz, 1½ dl.
Milch, 2 Eier, 400 gr. Äpfel, Fett
zum Backen, Zucker zum Bestreuen,

Gefüllte Backäpfel

4-8 Äpfel ; 40 g Marmelade , 1 Eiweiß

Die Äpfel waschen, abtrocknen, von oben
her das Kernhaus aushöhlen (nicht
durchstechen!). Marmelade und Eiweiß
steif schlagen, die Äpfel damit füllen.
In einer gefetteten, feuerfesten Glas-
oder Tonform in heißer Röhre 20
min. backen. Die gefüllten Backäpfel
heiß auftragen.

Bettelmann

Bettelmann- oder Schwarzbrot-Auflauf

½ Pfund geriebenes Schwarzbrot, 1 Messerspitze gemahlene Nelken, ½ TL Zimt, etwas Zitronensaft und Zucker nach Geschmack in die Form gießt, etwas geschmolzene Butter darauf gibt, geschnittene Mandeln und eine Lage Apfelkompott darüber. Dann die übrige Masse. Backzeit 1 Stunde bei guter Ober- und Unterhitze.

Heutiges Rezept mit Korinthen und Haselnüssen und geschnittenen Äpfeln:

500 g Äpfel
250 g Pumpernickel, gerieben
75 g Haselnüsse, gemahlen
75 g Zucker
75 g Korinthen
75 g Butter, zerlassen
2 EL geriebene Blockschokolade
1 TL Zimt
1 Zitrone Saft und Schale
75 g Zucker
50 g Butter
Zimtzucker zum Bestreuen

Ofen vorheizen auf 180 Grad
Korinthen heiß überbrühen und trocken tupfen. Im Rum 30 Minuten ziehen lassen.
Pumpernickelbrösel, Schokolade, Nüsse, Zucker und zerlassene Butter, Zimt, Zitronenschale hinzufügen und alles

gut mischen.

Die geschälten und in Viertel geschnittenen Äpfel in feine Scheiben schneiden und mit dem Saft der Zitrone sowie 50 g Zucker bestreuen.

In eine mit Fett ausgestrichene flache Auflaufform zuerst ein Drittel der Bröselmasse und darüber eine Schicht der Apfelmasse geben. Dann dies wiederholen. Als letztes den Pumpernickelteig verteilen, glatt streichen und kleine Butterflöckchen darüber verteilen.

Etwa 30 Minuten im vorgeheizten Backofen backen, mit Zucker und Zimt bestreuen und heiss (in der Form) servieren.

Nach Belieben Rahm oder Vanillesauce dazu servieren.

Diverse Flammeri

Diverse Transkriptionen von Flammeries

Mondamin-Flammeri

½ l Milch, 1 Stich Butter, 45 g Zucker, etwas Zitronenschale, Zimt oder Vanille,

60 g Mondamin rührt man mit etwas Milch und 2 Eigelb an. Dann lässt man das Ganze

10 min. kochen und gibt es in die ausgespülte Form. Vanille oder Schokoladensauce dazu oder mit Hexenschnee verzieren. Man kann ihn in Obertassen füllen, eine gelb und eine schwarz (mit Kakao), dann setzt man sie abwechselnd auf eine runde Platte und verziert mit Hexenschnee.

Kartoffelmehl-Flammeri

Dasselbe Rezept, nur nimmt man statt Mondamin 90 g Kartoffelmehl.

Quelle F Puddings

Flammeri von Stachelbeeren

1 Pfund Stachelbeeren lässt man mit ½ l Wasser zu Brei kochen, gibt den nötigen Zucker dazu und lässt mit 250 g Reismehl oder Perlsago kochen. Dann eine Form ausspülen und die Masse hinein geben. Nach dem Erkalten gibt man Vanillesauce dazu.

Flammeri von Kirschen
Ebenso, nur statt Stachelbeeren Sauerkirschen.

Stärke-Flamerie

1 l Milch, 1/5 Pfund Weizenstärke, Mandeln, Vanille, Zucker, 4-5
Eier, das Gelbe so dazwischen, das Weiße zu Schnee.

Rosa-Flamerie

1 l Milch, 12 Blatt rote Gelatine, Zucker, 12-15 Stück bittere
Mandeln stoßen, die Gelatine mit kochendem Wasser auflösen, in
die kochende Milch rühren.

Schokoladen-Flamerie

1 l Milch, 2 große Tafeln gute Schokolade, 1 EL Kakao und einen
aufgehäuften   EL Kartoffelmehl und 6 Eidotter.

Kartäuser Klöße

Transkription

Kartäuser Klöße mit Weinsauce
Die Kruste von Brötchen abreiben, dann macht man eine Sauce
von Milch, 2 Eigelb und Zucker und weicht darin die Brötchen,
ausdrücken und dann in Paniermehl wenden und in
schwimmendem Fett goldbraun backen.
Weinsauce: 2 Eier mit Zucker schlagen, 2 EL Cremestärke in die
Milch von den Brötchen dazu, einige Minuten kalt, dann unter
Schlagen kochen lassen, vom Feuer nehmen und ½ l Wein dazu

geben, und noch etwas weiter schlagen. Wenn die Brötchen in Fett gebacken sind, legt man sie auf kleine Glasteller und gießt die Sauce darüber.

Es schmeckt lecker und erinnert etwas an Arme Ritter. Arme Ritter, auch Rostige Ritter, Semmelschnitten, Semmelschmarrn, Kartäuserklöße, Weckschnitten, Gebackener Weck, Pofesen, Blinder Fisch. In der deutschsprachigen Schweiz auch Fotzelschnitten genannt, sind eine einfache Speise aus altbackenen Brötchen oder Weißbrotscheiben. In England kennt man sie als „Poor nights of Windsor", in Frankreich als „pain perdu". Sogar in Russland sind sie bekannt als grenki, die Finnen nennen sie köyhät ritarit. In Ungarn heisst die Speise „Brot in Pelz".

Heutige Variante
6 Wecken vom Vortag
2 Eier, getrennt
½ L Milch oder Rahm
30 g Zucker
1 P Vanillezucker
Zimtzucker
Semmelbrösel

Die Sosse
¼ L Weisswein
3 Eier, getrennt
1 EL Zucker
1 TL Speisestärke
Saft einer halben Zitrone

Die Rinde der Brötchen auf einer Reibe abreiben und die Brötchen vierteln. Das Eiweiß zu Schnee schlagen. Die Eigelbe mit Milch, Zucker, Vanillezucker und einer Prise Salz verquirlen, die Brötchen darin einweichen. Brötchen etwas ausdrücken, zuerst im Eischnee und dann in den zuvor abgeriebenen Semmelbröseln wenden. Jetzt in reichlich heißem Butter (Schmalz) schwimmend backen bis sie goldgelb sind.

Dann in Zimtzucker wälzen. Auf einer vorgewärmten Platte anrichten und mit der vorbereiteten Weinschaumsoße servieren.

Weinschaumsosse dazu:

Die Eier trennen. Eigelb, Weißwein, Stärke, Zucker und Zitronensaft in einem Topf mit dem Schneebesen anschlagen. Masse bei mittlerer Hitze unter ständigem Schlagen kurz aufkochen lassen. Topf vom Herd nehmen, die Soße in eine Schüssel füllen und im kalten Wasserbad schaumig schlagen.

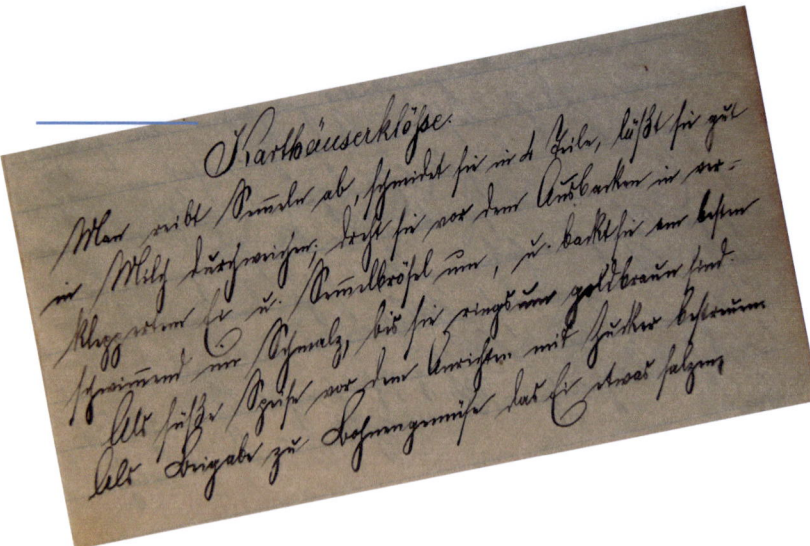

Scheiterhaufen

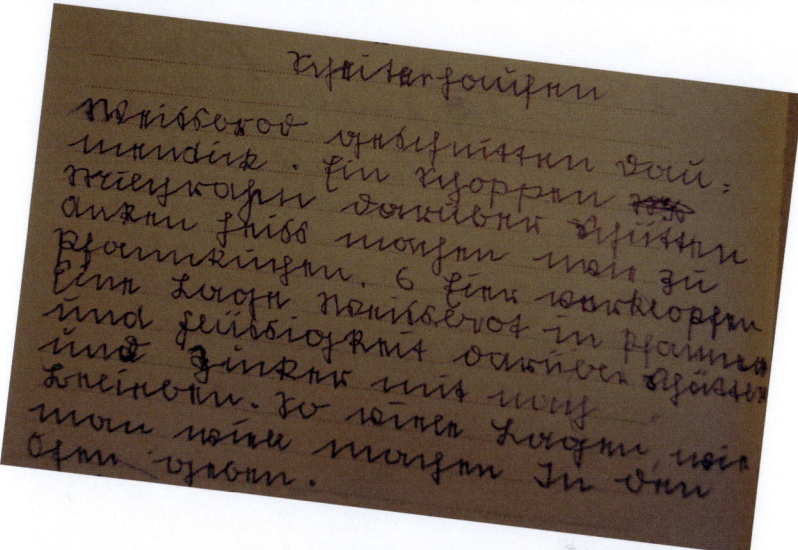

Auf den Begriff „Scheiterhaufen" folgt meist umgehend der Begriff „Inquisition", jene spätmittelalterlichen Gerichtsverfahren, welche sich im Auftrag der Kirche in erster Linie der Verfolgung von Ketzern widmeten. Am schlimmsten wütete die Inquisition in Spanien. Am 31. Juli 1826 gab es in Valencia ein letztes Todesurteil der Inquisition und 1834 wurde die spanische Inquisition abgeschafft.

Heute: Ich bereite Scheiterhaufen gerne mit einer Schneehaube folgendermassen zu:

Wecken vom Vortag
300 g Äpfel
150 ml Milch
2 Eier, 1 Eigelb

Etwas Zimt
1 Zitrone
1 P Vanillezucker
1 EL Zucker
1-2 EL Rosinen
Etwas Zimt
2 EL Rum
2 EL gehackte Mandeln

Ofen auf 180 Grad vorheizen.
Milch mit Eiern, Eidotter, Zimt, Zitronenschale, Vanille und
Zucker gut vermengen. Wecken in dünne Scheiben schneiden,
mit der Eiermilch übergiessen und 15 Minuten stehen lassen.
Inzwischen die Äpfel schälen, Dann mit Rosinen, Zucker,
Zimt, Rum und Mandeln vermischen. Entkernen und in dünne
Scheiben schneiden. Eine gut eingebutterte Auflaufform
abwechselnd mit Wecklimasse und mit Äpfelmasse belegen.
Zuletzt muss es eine Wecklimasse sein. Alles mit zerlassener
Butter begiessen und im Ofen etwa 40 Minuten backen.
Kurz vor Ende der Backzeit den Eischnee mit dem Zucker
sehr steif schlagen. Den Scheiterhaufen damit bedecken und
nochmals 5-10 Minuten hell überbacken.

In einem alten Kochbuch ohne Datumsangabe fand ich ein
Rezept **„Spanische Scheiterhaufen"**, das mit folgenden
Zutaten hergestellt wurde:
2 altbackene Wecken, Butter, Aprikosenkonfitüre, 3 dl Wein,
100g Zucker, Zimt, 2 Gewürznelken, Limonenschale,
Rosinen, Korinthen und Mandeln.

Rinde der Wecken abreiben und in dicke Scheiben schneiden.
Auf einer Seite in Butter backen. Auf die ungebackene Seite
Konfitüre streichen. Je zwei zusammensetzen.
Jetzt 3 dl Wein mit 100 g Zucker, einem Stückchen einer
Zimtstange, Nelken und Limonenschale aufkochen. Die
Wecken darin tauchen. Und dann in einer eingebutterten
Form bergartig (Scheiterhaufen!) aufschichten. Abwechselnd
mit einer Schicht Rosinen, Korinthen und gehackten Mandeln
bestreuen. Geschlagenen Eischnee darüber geben und backen
(10 Minuten) bei mässiger Hitze.

Schneeballen

Transkript

Man lässt 70 g Butter zergehen, verklappert 3 ganze Eier und 3
Dotter tüchtig damit und mengt so viel Mehl daran, bis er ein
leichter Nudelteig wird, wirkt ihn gut aus und macht kleine
Ballen. Diese dreht man fein aus und durchschneidet sie mit dem
Backrad in etwa 1 cm breite Streifen, aber nur bis zu 1 cm Breite
Entfernung vom Rand, so dass die Rundung ganz und
zusammenhängend bleibt. Man lässt die Flecke nicht erst
abtrocknen, sondern macht gleich in einer eisernen Pfanne (die
tief und nicht weiter sein soll, als dass ein Fleck drin Platz hat)
Schmalz heiß, so dass es die Hälfte ihrer Höhe füllt. Wenn es gut
heiß ist, entfernt man's vom Feuer und nimmt nun einen Fleck mit
2 Kochlöffelstielen so auf, dass man nur einen Streifen aufgabelt,
einen liegen lässt, den liegen gelassenen dann mit dem 2
Kochlöffel aufgabelt. Sie dürfen nur schön hellgelb gebacken
werden, weshalb das Schmalz nicht mehr ganz heiß sein soll,
wenn sie hinein kommen. Man rüttelt die Pfanne, wenn er drin ist,

dreht ihn um und wenn er auf der Seite gelb ist, behutsam da sie leicht brechen. Dann bestreut man ihn mit Zucker.

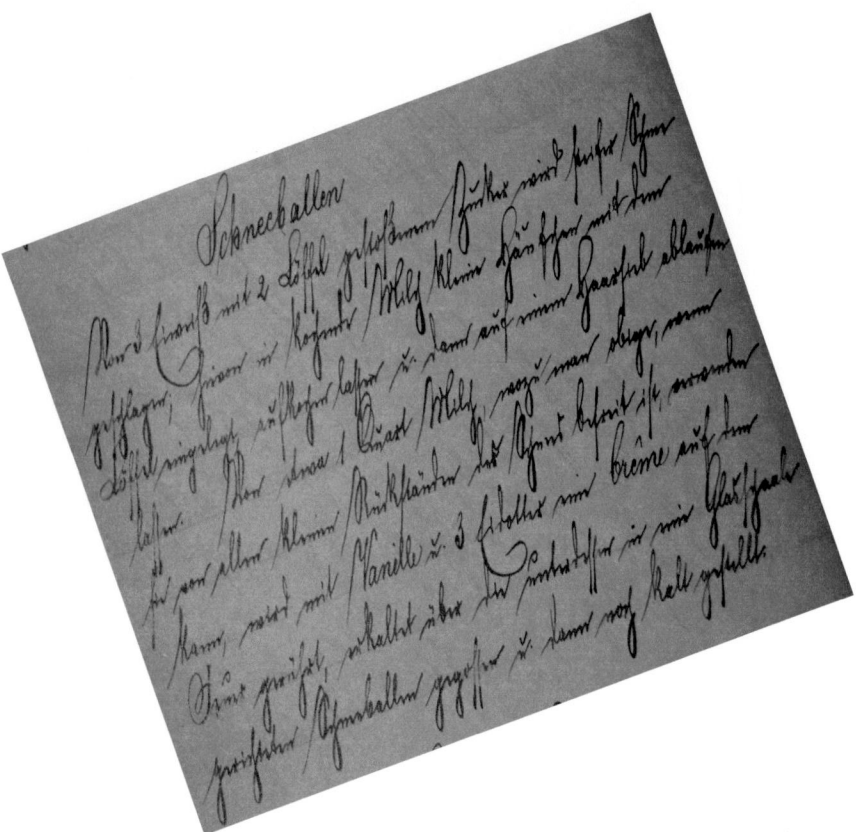

Schwarzbrotauflauf

Transkription

140 g Butter mit 8 Eidotter angerührt, 70 g Zucker, 70 g geschälte Mandeln, Zimt, Nelken, Zitronenschale nach Belieben darunter getan nebst dem Schnee der 8 Eiweiß und 140 g geriebenes schwarzes Brot. Die Form wird mit Butter ausgestrichen und die Masse langsam gebacken. Vor dem Anrichten mit Weichselsauce aufgehen lassen.

Süsses aus Nudeln und Reis

Geschnittne Nudeln eß ich gern

aber nur die feinen

schöne Mädel seh ich gern

aber nur die kleinen

Kinderreim

Bandnudeln

Transkript

Man nimmt 1 Quart Milch, ½ Vierling Butter, lässt es kochen und gibt so viel Mehl hinein, dass es einen recht steifen Brandteig gibt. Diesen lässt man erkalten und rührt dann 3 Eier dran. Dann formt man längliche Nudeln, gut Schmalz in eine Pfanne, legt sie nebeneinander hinein und backt sie auf der Platte. Haben sie auf der einen Seite Farbe, wendet man sie um. Beim Anrichten bestreut man sie mit Zucker und gibt gekochtes Obst dazu.

Meine -etwas erweiterte- Version heute:
50 g Butter
120 Sauerrahm
175 g Bandnudeln
½ Zitrone, abgerieben
1 Prise Zimt
1 Prise Muskatnuss
1 TL Vanillezucker
75 g Zucker

2 Eier
2 EL Semmelbrösel
2 EL Mandeln /Blätter)
120 Frischkäse
250 g Hüttenkäse
Puderzucker

Ofen auf 180° Grad vorheizen.
Nudeln kochen (nicht zu weich!). Abtropfen lassen.
Eine flache Auflaufform einfetten.
Hüttenkäse, Frischkäse und Zucker verrühren. Eier und
Sauerrahm ebenfalls einrühren. Zimt, Vanillezucker, Muskat
und Zitronenschale dazugeben und alles gut vermengen.
Nudeln unter die Mischung heben, alles in die Auflaufform
geben.
Butter erhitzen und die Mandelblättchen darin etwa 1 Min.
anrösten. Semmelbrösel dazugeben und vermischen. Das
Ganze über den Pudding streuen und diesen dann etwa 30-40
Min .backen.
Mit Puderzucker bestreuen und heiß servieren

Fideli Pudding

(Fideli sind dünne Teigwaren)

Aus der Rezeptseite der Gas- und Wasserwerke Basel
des Jahres 1941 folgender Pudding aus Teigwaren (von
mir leicht nachbearbeitet):

100 g Fideli
2,5dl Milch

1 EL Fett
3 Eier, getrennt
50 g Zucker
30 g Mandeln, geschält und gehackt
Abgeriebene Zitronenschale (1/4 Zitrone)
1 Msp. Salz

Fideli wenig zerdrücken und in kochendem Wasser 2-3
Minuten kochen lassen. Wasser abgiessen.
Nun die Milch mit einer Messerspitze Salz zum Kochen
bringen und die Fideli zufügen und vorsichtig köcheln, bis ein
Brei entstanden ist. Den Brei beiseite stellen und erkalten
lassen.
Fett in einem Topf zerlassen und die restlichen Zutaten (ohne
Eier) beigeben. Die Eiweiss steif schlagen und unterziehen.
Eine Puddingform ausfetten, die Messe hineingeben und im
Wasserbad etwa 1 Stunde kochen.

Spaghetti-Auflauf

Man fülle 2/3 einer gut ausgebutterten Form mit
weichgekochten Spaghetti, die in Stücken von 1 cm gebrochen
sind und gebe auch etwas in Würfel geschnittene Biskuits und
Rosinen hinzu. In Milch aufgekochter Zucker wird mit zwei
Eiern gut verrührt, diese Masse wird auf die eingefüllten
Spaghetti gegossen und die Form im Wasserbad während einer
Stunde langsam gebacken. Nach dem Garwerden stürzen und
mit einer Vanille-, Citronen-, oder Himbeersauce servieren.
Quelle: unsicher

Zutaten zum Spaghetti -Auflauf, wie ich ihn heute kenne:

Rosinen (vorher in etwas Rum einlegen)
200 g Spaghetti
60 g Butter
75 g Zucker
2 Eier
500 g Quark
1 P Vanillezucker
1 EL Rum

Nudeln kochen, abgiessen. Butter, Zucker, Vanillezucker, Eier und 1 Esslöffel Rum schaumig rühren. Den Quark, Griess, Rosinen und zuletzt die Nudeln darunter rühren. Eine Auflaufform mit Butter einstreichen, mit Grieß bestreuen, die Masse hineingeben und dann im vorgeheizten Backofen bei 190 Grad ca.40- 45 Minuten backen.

Radetzky Reis

Transkript
250 g Reis, 1 L Wasser, 14 Stück Würfelzucker, 1 Apfelsine, 1 Zitrone, Fruchtgelee, 2 Eier, Mandeln, zerschnitten.
Reis zum Kochen und zum Quellen bringen (nicht rühren). Ist er gar, fügt man 14 an Zitrone und Apfelsine abgeriebene Stücke Würfelzucker sowie den Saft einer Apfelsine und Zitrone hinzu, rührt gut durch, füllt 1/3 des Reises in eine vorbereitete Springform, bestreicht dies mit Gelee, füllt das zweite Drittel darauf , bestreicht dies wieder mit Gelee und gibt darauf den Rest des Reises. Obenauf gibt man festen gesüssten Schnee von 2 Eiern und bestreut bzw. bespickt ihn mit zu feinen

Stiften geschnittene, abgezogenen Mandeln. Dies wird gebacken, bis der Schnee goldgelb ist.

Den Radetzkyreis gibt es **heute** noch. Lediglich kleine Varianten, wie Puddingpulver und Backpulver sind zugefügt:

300 g Rundkornreis
400 ml frisch gepresster Orangensaft
2 Zitrone, Saft
120 g Zucker
80 g Butter
1 Prise Salz
3 Eigelbe
1 Päckchen Vanillepuddingpulver
2 TL Backpulver
25 g Mandeln, gestiftet
750 g Konfitüre Kirschen oder Aprikosen
3 Eiweiß
Butter zum Einfetten

Für das Baiser
3 Eiweiß
100 g Zucker
1 Zitrone, abgeriebene Schale

Backofen auf 180° C Umluft vorheizen.
200 ml Wasser mit Orangen- und Zitronensaft mischen und aufkochen lassen. Den Reis zufügen, eine Prise Salz und ca. 20 Minuten bei geringer Hitze quellen lassen. Abtropfen und auskühlen lassen.
Die Butter mit Zucker und Eigelb schaumig schlagen. Das Puddingpulver mit dem Backpulver und den Mandelstiften mischen, dann unterrühren. Das Eiweiß mit einer Prise Salz steif schlagen. Reis und Eiweiß untertheben.

Eine Auflaufform mit Butter einfetten, dann mit einer Hälfte der Reismischung füllen, dann den Fruchtaufstrich darauf streichen. Mit der anderen Hälfte der Reismischung abschließen. Im vorgeheizten Backofen etwa 40 Minuten backen.

Reis à la Condé

Milchreis im Rand gedrückt, gestürzt auf eine runde Platte. Oben auf dem Reisrand halbierte Aprikosen in der Mitte dick gehaltene Aprikosensauce.

Milchreis, Früchte; pochiert, gedämpft, - frisch, in Alkohol - eingelegt - nach Belieben

Milchreis nach Grundrezept herstellen, auf Raumtemperatur abkühlen lassen. Creme double und Amaretto steif schlagen und unterheben. Früchte abwechselnd mit Milchreis in die Gläser schichten.

Reispudding

Transkription Reis-Pudding aus eigener Quelle L
1 Pfund Reis wird abblanchiert, in 2 L Milch gar gekocht und zum Abkühlen gestellt. 1/1 Pfund Butter und ½ Pfund Zucker schaumig rühren, 16 Eigelb dazu, die Schale und den Saft von 2 Zitronen, zuletzt den Schnee , gibt 4 Formen. 1/14 Stunde kochen. Fruchtsauce.

Reis-Pudding.

Heute: Mein Lieblingsrezept mit Amaretti:

250 g Reis
1 L Milch
5 g Salz
2 EL Pistazien
2 EL Rosinen
½ Zitronenschale, abgerieben
75 g Amaretti
1 Ei
1 TL Zimt
100 g Zucker

Milch mit dem Salz zum Kochen bringen. Die abgeriebene
Zitronenschale, Pistazien, Rosinen und Reis in die Milch
geben und ca. 30 Minuten köcheln lassen . Vom Feuer
nehmen und abkühlen lassen. Die Amaretti zerbröseln. Eine
Puddingform ausfetten, einige Brösel hinein streuen. Die

restlichen zerbröselten Amaretti zusammen mit dem Zucker und dem Zimt unter die Reismasse rühren und dann die Puddingform befüllen.
Wenn der Pudding abgekühlt ist, zum Servieren stürzen und Vanillesauce dazu reichen.

Reisstrudel

Transkription
Man bereitet einen Mürbeteig, den man ziemlich dünn ausrollt. Dann kocht man Reis mit Milch oder Wasser, gibt etwas Weißwein, Zucker, Zimt, Zitronenschale dazu und einen EL angerührtes Mehl. Nach dem Erkalten schlägt man 2 Eigelb darunter und bestreicht mit dieser Creme den Teig, streut einige Rosinen oder dünne Apfelscheiben darüber, rollt den Strudel zusammen und backt ihn in einer Kranz- oder Kastenform bei guter Hitze.

Über Strudelrezepte könnte man ein eigens Buch schreiben.
Hier ein Rezept, das dem obigen (das zwar mit Mürbteig
hergestellt ist) doch sehr nahe kommt:

170 g Rundkornreis
3/4 l Milch,
125 g Rosinen
1 P Vanillezucker
etwas Salz,
75 g Butter
75 g Puderzucker,
3 Eier, getrennt
1 Zitrone, die Schale gerieben
Puderzucker zum Bestreuen
1 Ei zum Bestreichen

Butter auf Handwärme bringen und mit 1/3 des Puderzuckers
schaumig rühren; Eigelb nach und nach beigeben und weiter
rühren. Dann die Reismasse unterheben; Eiweiss mit
restlichem Puderzucker zu steifem Schnee schlagen; Schnee
und Rosinen zusammen mit der Zitronenschale unter die
Reismasse ziehen. Auf einer bemehlten Arbeitsfläche eine
Teigkugel sehr dünn ausrollen; danach auf ein Strudeltuch
legen und mit den Handrücken dünn ausziehen; Gleiches mit
der zweiten Teigkugel. Eines der Teigblätter mit zerlassener
Butter beträufeln und das zweite Teigblatt darüber legen; Die
Reisfülle darauf streichen (an der Längsseite einen Rand frei
lassen). Teig mit Hilfe des Tuches von der bestrichenen Seite
her einrollen und die Teigenden sehr gut andrücken; Strudel
auf ein mit Backpapier ausgelegtes Blech legen, mit
verquirltem Ei bestreichen und im vorgeheizten Backofen

etwa 1 Stunde bei 170 Grad backen; Strudel vor dem Servieren mit Staubzucker bestreuen.

Strudelteig herstellen:
200 glattes Mehl, etwas Essig
etwas Salz, 1 EL Öl
lauwarmes Wasser nach Bedarf
Öl zum Bestreichen

Mehl in eine Schüssel sieben und in die Mitte eine Vertiefung drücken; Öl und Salz beifügen; lauwarmes Wasser und Essig zugießen und zu einem geschmeidigen Teig verarbeiten; mit einem Kochlöffel so lange abschlagen, bis der Teig seidig glänzt und Blasen wirft; Teig halbieren, zwei Kugeln formen und mit Öl bestreichen; Teigkugeln 1 Stunde rasten lassen; für die Fülle Reis in die kochende Milch geben, Salz und Vanillezucker beifügen und auf kleiner Flamme einkochen lassen; Masse erkalten lassen.

Schweizer Reis

Transkription
1 ½ Bowle Reis abblanchieren und mit Milch, 1 Stange Vanille, ein kleines Stück Butter und etwas Zucker gar kochen und kalt stellen. Nachher ½ l Rahmschnee drunter ziehen.

Ich kenne ein Rezept „Schweizer Reis", das dieser alten Handschrift lediglich in etwa entspricht. Es ist ein erfrischendes, sättigendes Gericht für heisse Tage:

250 g Milchreis
500 g Johannisbeeren
¼ L Wasser
½ L Rahm
1 Zitrone, die Schale
100 g Haselnüsse, gehobelt
4 EL Zucker
3 EL Himbeergeist

Reis mit Salz in Wasser und der Hälfte Rahm bei milder Hitze im geschlossenen Topf quellen lassen.
Johannisbeeren kurz abbrausen und von den Rispen streifen.
Vom Herd nehmen, mit dem Zucker, der abgeriebenen Zitronenschale und dem Himbeergeist mischen und erkalten lassen.
Den restliche Rahm schlagen und zusammen mit den Johannisbeeren (einige als Garnitur zurück behalten) unter den Reis heben.
Nochmals kalt stellen. Mit den Haselnussblättern und den restlichen Johannisbeeren garnieren (evtl. nochmals kalt stellen) und eiskalt servieren.

Reis Trauttmannsdorf

Transkription
2 Bowlen Reis werden gut blanchiert und mit Milch gut weich
geklopft und kalt gestellt. Dann rührt man 8 Eigelb mit ½ Pfund
Zucker schaumig, tut 12 Blatt aufgelöste Gelatine hinzu, und dann
den abgekühlten Reis und lässt es dann vollends erkalten. Dann
schlägt man 2 l Schlagsahne, tut 1 Stange Vanille dazu und rührt
ihn unter den jetzt ganz erkalteten Reis. Dann legt man die Form
hübsch mit Kompott-Früchten aus, füllt den Reis hinein und stellt
ihn dann in Eis, damit er sich beim Anrichten stürzen lässt.

Zu Ehren von Graf Ferdinand Trauttmannsdorf einem
Österreichischen Staatsmann wurde eine der schönsten
Süssspeisen benannt, einem Milchreis mit Früchten, den man
heiss oder kalt geniessen konnte. Schloss Trauttmannsdorf
befindet sich am östlichen Rand der Stadt Meran, bekannt
durch den Kuraufenthalt der Kaiserin Elisabeth („Sissi").

Heutiges Rezept

200 g Milchreis
800 ml Milch
2 P Vanillezucker
20 bis 25 Aprikosen
500 ml Aprikosensaft
10 cl Rum
½ L Rahm

Milch, Reis und Vanillezucker zum Kochen bringen und bei
mittlerer Hitze ausquellen lassen. Die Aprikosen kurz in
kochendes Wasser geben, abschrecken und häuten. Halbieren,
entkernen und mit Saft, Zucker und Rum aufkochen. 15

Minuten ziehen lassen. Die Sahne schlagen und unter den
Reis ziehen. Den weichen Reis abwechselnd mit den
Aprikosen in Gläser schichten und anrichten.

Zuckernudeln

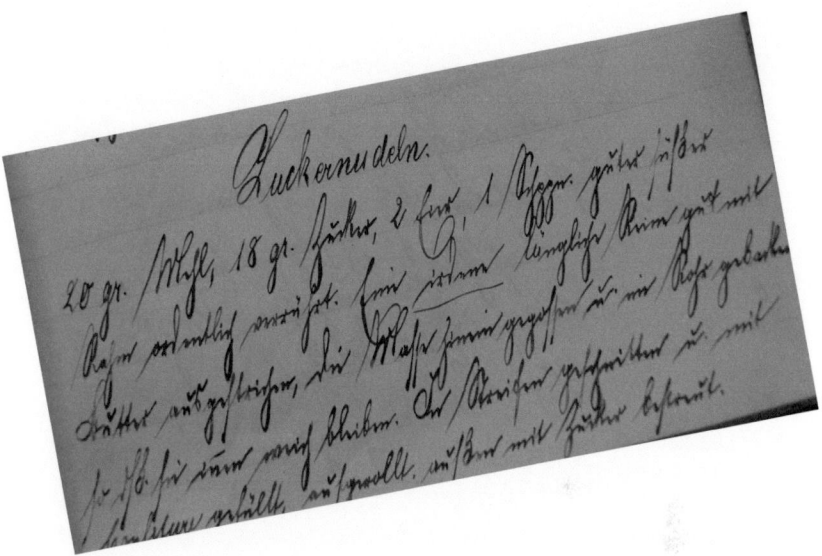

Transkription
20 g Mehl, 18 g Zucker, 2 Eier, 1 Schoppen guter, süsser Rahm, ordentlich verrührt. Ein irdener, länglicher Kum gut mit Butter ausgestrichen, die Masse hinein gegossen und im Rohr gebacken, so dass sie nur weich bleiben. In Streifen geschnitten und mit Konfitüre gefüllt, aufgerollt, aussen mit Zucker bestreut.

Etwas zum Schmunzeln und Nachdenken

Wir schmunzeln heute darüber aber es zeigt auch, wie wichtig die Sparsamkeit war. Ich höre heute noch meine Oma sagen: „Wirf nichts weg, was gegessen werden kann. „Sammle alles Übriggebliebene sorgfältig zusammen, damit nichts verkommt."

Transkriptionen

Pomade
125 g Rindermarkwerden auf dem Feuer ausgelassen. Durch Gaze gegossen und zu 125 g weisse Vaseline in eine kleine runde Porzellanschüssel getan, für 10 Pfennige Bergamothöl wird darunter gegossen und alles wird mit einer kleinen runden Holzkeule langsam eine Stunde gerührt, währen man dabei nach und nach für 50 Pfennige Perus Balsam hinzufügt.

Hefeersparnis
Die Hefe muss eine helle Farbe haben. Kann man sie nicht am selben Tag verwenden, so wickelt man sie fest in Papier ein oder drücke sie fest in ein kleines Gefäss aus Glas oder Porzellan und befeuchte die Oberfläche mit Wasser. So hält sie sich tagelang, ohne an Treibkraft zu verlieren. Beim Gebrauch nimmt man die braune Oberfläche ab und benutzt nur die darunter befindliche frische Hefe.

Quittenkerne
Man übergiesst 6-8 Kerne mit etwa 2 EL voll Wasser , lässt sie so lange stehen, bis ein schleimiger Saft entsteht, und übergiesst täglich zweimal sie gerötete Stelle im Kreuzwirbel, wodurch die Röte bald entfernt, die Haut gestärkt und dem schrecklichen Durchliegen vorgebeugt wird. Selbst wenn schon wunde Stellen entstanden sind, wird in den meisten Fällen Heilung erfolgen.

Kriegsbutter
11/2 del Weizenmehl, 3 del Milch und etwas Salz anrühren, die Mischung wird unter ständigem Rühren gekocht 6-9 Min, dann abkühlen lassen, dabei ab und zu rühren.
200 g Butter wird geschmeidig gearbeitet, dann die Mischung hinzufügen ordentlich ausrühren. Wie Butter zum Aufstrich benutzen.

A-B-C,
i ka nit meh.
Hättsch meh glehrt,
So kenntsch meh.

Basler Kinderreim

Dieses Büchlein ist mir Lieb
Wer mir `s stielt, der ist ein Dieb.
Wer mir `s aber wiederbringt,
der ist ein Engelgotteskind.

Kinderreim

Herstellung und Verlag:
BoD - Books on Demand, Norderstedt
ISBN 978-3-7357-8087-4